essentials

essentials liefern aktuelles Wissen in konzentrierter Form. Die Essenz dessen, worauf es als „State-of-the-Art" in der gegenwärtigen Fachdiskussion oder in der Praxis ankommt. *essentials* informieren schnell, unkompliziert und verständlich

- als Einführung in ein aktuelles Thema aus Ihrem Fachgebiet
- als Einstieg in ein für Sie noch unbekanntes Themenfeld
- als Einblick, um zum Thema mitreden zu können

Die Bücher in elektronischer und gedruckter Form bringen das Expertenwissen von Springer-Fachautoren kompakt zur Darstellung. Sie sind besonders für die Nutzung als eBook auf Tablet-PCs, eBook-Readern und Smartphones geeignet. *essentials:* Wissensbausteine aus den Wirtschafts-, Sozial- und Geisteswissenschaften, aus Technik und Naturwissenschaften sowie aus Medizin, Psychologie und Gesundheitsberufen. Von renommierten Autoren aller Springer-Verlagsmarken.

Weitere Bände in dieser Reihe http://www.springer.com/series/13088

Marc Rutschmann

Kunden ans Kaufen heranführen

Eine Einführung in den kaufprozessorientierten Ansatz im Marketing

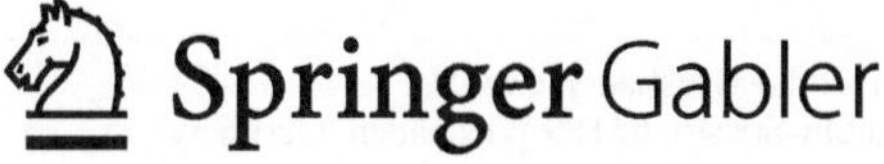

Marc Rutschmann
Dr. Marc Rutschmann AG
Zürich, Schweiz

ISSN 2197-6708 ISSN 2197-6716 (electronic)
essentials
ISBN 978-3-658-16186-6 ISBN 978-3-658-16187-3 (eBook)
DOI 10.1007/978-3-658-16187-3

Die Deutsche Nationalbibliothek verzeichnet diese Publikation in der Deutschen Nationalbibliografie; detaillierte bibliografische Daten sind im Internet über http://dnb.d-nb.de abrufbar.

Springer Gabler

Gedruckt auf säurefreiem und chlorfrei gebleichtem Papier

Springer Gabler ist Teil von Springer Nature
Die eingetragene Gesellschaft ist Springer Fachmedien Wiesbaden GmbH
Die Anschrift der Gesellschaft ist: Abraham-Lincoln-Str. 46, 65189 Wiesbaden, Germany

Was Sie in diesem *essential* finden können

- Warum ein Paradigmenwechsel im Marketing notwendig ist
- Argumente für ein neues Marketing mit dem Fokus auf den Kaufprozess des Kunden
- Wissenschaftliche Grundlagen des kaufprozessorientierten Marketings in knapper, verständlicher Darstellung
- Was die Maxime „Der Kunde steht im Zentrum" für ein zukunftsgerichtetes Marketing konkret bedeutet
- Sieben Taktiken, die Kaufprozesse in Gang setzen
- Umsetzungshilfen für die Entwicklung einer kaufprozessorientierten Marketing-Konzeption

Inhaltsverzeichnis

1 Einleitung: Stellt das Marketing wirklich den Kunden ins Zentrum?

Es gibt kaum einen Zweifel: Die Umsatz- und Wachstumschancen für ein Unternehmen liegen beim Kunden. Er, der Kunde, hat ein Bedürfnis – dessen er sich vielleicht noch nicht bewusst ist. Oder er kann sich nicht vorstellen, wie es zu befriedigen wäre. Der visionäre Unternehmer hingegen kann sich das vorstellen: Er entwickelt das Produkt, und jetzt möchte er gerne darüber reden und den Kunden überzeugen, dass dies ein interessantes und ein gutes Produkt sei. Das ist seine Intention, das ist die Intention jedes Unternehmers.

Chancen für ein Unternehmen ergeben sich aber nicht nur aus dem Bedürfnis nach einem bestimmten Produkt und dem Nutzen, den es stiftet. Auch auf dem Prozessweg, den der Kunde zurücklegen muss, um in den Besitz dieses Produktes zu gelangen, liegen Chancen für Unternehmen. Je länger, desto mehr liegen die Chancen im Prozess, der ans Kaufen führt. Auf diesen Prozess kann das Unternehmen Einfluss nehmen, es kann ihn beschleunigen, es kann ihn in die gewünschte Richtung lenken; es kann dafür sorgen, dass der Kunde an seinem Produkt ankommt. Hier, in diesem Prozess, findet der neue Wettbewerb statt, denn Produkte sind austauschbar geworden und ihr Nutzen ist nur noch selten spektakulär. Dass der Kunde gesättigt sei – darauf haben schon andere hingewiesen. Diese Feststellung hat mittlerweile das Stadium einer Trivialität angenommen.

Der Kunde steht im Zentrum, und in dem Prozess, den der Kunde vollzieht, liegen die lohnenden Angriffsziele für Unternehmen. Ich glaube nicht, dass es berechtigte Zweifel an dieser Feststellung gibt. Wenn wir das aber akzeptieren, dann muss eine Konzeptentwicklung von dieser Basis ausgehen. In der Tat muss das Konzept beim Kunden ansetzen – wie das unisono gefordert wird –, aber beim Kunden, wie er sich an einer ganz bestimmten Prozessstelle präsentiert. Denn seine Bedürfnisse, seine aktuellen Prioritäten und Gestimmtheiten wechseln laufend entlang des Prozesswegs und nehmen von Phase zu Phase eine andere

M. Rutschmann, *Kunden ans Kaufen heranführen,* essentials,
DOI 10.1007/978-3-658-16187-3_1

Ausprägung an. Daran muss sich unser Marketing orientieren: an der Befindlichkeit und an der Handlungsbereitschaft, die wir beim Kunden an der jeweiligen Stelle im Prozess vorfinden.

Das wäre folgerichtig, wird aber in der Praxis keineswegs befolgt. Hier geht man von „oben" her „hinunter" in Richtung Kunden. Oben werden die Ziele gesetzt: Wie möchte man wahrgenommen werden? Wie soll der Kunde unser Produkt perzipieren? etc. – und das ist die Vorgabe für die Kommunikation; diese soll es dann richten, nämlich das „richtige" Bild in die Köpfe der Kunden verpflanzen. Das Produkt positionieren heißt das im Jargon. Dass dazu noch etwas Marktforschung herangezogen wird, gehört zum Ritual.

Die Forderung, dass von unten her vorzugehen sei, hört man immer wieder. Wortstark vorgetragen von Al Ries und Jack Trout in ihrem berühmt gewordenen Buch *Bottom-Up Marketing* (1988). Eindrückliche Beispiele gibt es unzählige. Storys, wie findige Unternehmer Lücken und Nischen fanden, indem sie Kunden bei ihrem Tun beobachtet haben. Aus der Rückschau kommt uns das dann sehr plausibel vor. Aber gibt es eine Anleitung, wie man solche Lücken im Markt aufstöbert? Gibt es eine Systematik, die uns leitet, um von solchen Lücken auf die Maßnahmen zu schließen und auf die übergeordneten Ziele?

Bestimmt gibt es Ansätze. Aber ein schlüssiges Prozedere für einen Bottom-up-Planungsprozess sucht man vergeblich. Fälle werden zuhauf geschildert, auch im erwähnten Buch von Ries und Trout. Die beiden Autoren sprechen in Metaphern: Einmal die „Kerbe" entdeckt im Markt, nehme man den „strategischen Hammer" und die „strategische Brieftasche", um mit aller Kraft in die „Kerbe" zu hauen. Beim Leser stellt sich eine anekdotische Evidenz ein. Aber als Rezept?

Wir wollen uns hier dieser anspruchsvollen Aufgabe annehmen. Wir werden versuchen, die Schritte aufzuzeigen, die zu einer auf dem Bottom-up-Weg entwickelten Konzeption führen. Zu einer Konzeption, die ganz unten, beim Kunden, ihren Ausgang nimmt.

Vom Branding zum Kaufprozess 2

> *Den* Kunden gibt es nicht. Es gibt nur einen Kunden, der sich an einer bestimmten Stelle befindet, in dem Prozess, der ans Kaufen führt. Marketing hat sich an genau jenen Bedürfnissen, Handlungsbereitschaften, Ansprechbarkeiten usw. zu orientieren, die der Kunde an der betreffenden Prozessstelle aufweist. Der Prozess ist die Orientierungslinie für das Marketing. Diesen Sachverhalt muss ein zeitgemäßes Modell zum Ausdruck bringen. Wir wollen dieses Modell nun Schritt um Schritt entwickeln.

2.1 Das klassische Modell des Marketings: der Nutzen im Zentrum

Die herkömmliche Auffassung von Marketing lässt sich auf das in Abb. 2.1 dargestellte Modell reduzieren und abbilden. Die *Zielgruppe* steht dem *Produkt* gegenüber; in ersterer sind die Bedürfnisse angelegt; letztere, die Produkte, sind Träger von Nutzen.

Die *Kommunikation* vermittelt der Zielgruppe den Nutzen (vgl. Abb. 2.2). Sie verspricht den Konsumenten einen Vorteil, der einzigartig sein soll – so der Anspruch. Das genüge nicht, wird seit geraumer Zeit eingewendet; die Kommunikation soll auch Emotionen vermitteln. Sie soll ein mit Emotionen angereichertes Vorstellungsbild aufbauen – und zwar ein unverwechselbares: Wenn das Produkt zum *Brand* werde, würde der Funke überspringen und der Kunde kaufe. So spricht es aus dem Modell. Der Kommunikation gegenüber stehen in diesem Modell die *Kanäle,* nämlich der Ort, wo das Produkt erhältlich ist und der Kunde zur Tat schreiten kann. Hier kauft er. Der Kreislauf ist geschlossen.

M. Rutschmann, *Kunden ans Kaufen heranführen,* essentials,
DOI 10.1007/978-3-658-16187-3_2

Abb. 2.1 Konsument und Produkt – Bedürfnis und Nutzen

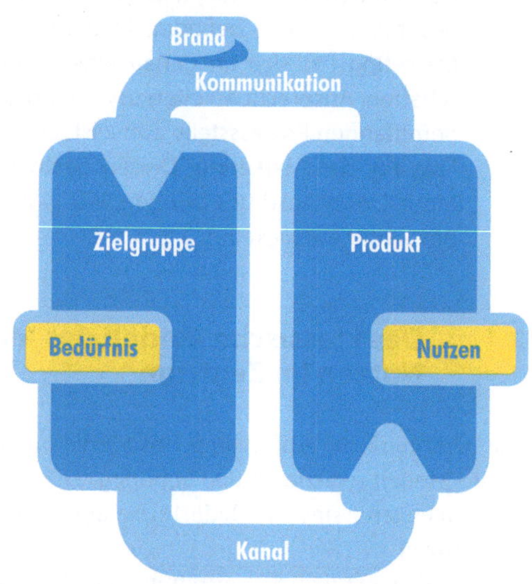

Abb. 2.2 Die Kommunikation vermittelt – der Kanal ermöglicht – der Kunde kauft …

Ein schlüssiges, in sich ruhendes System, an dem es eigentlich nichts zu rütteln gibt … es sei denn, die Kunden kaufen nicht mehr so ohne weiteres. Zwar können wir unsere Anstrengungen steigern – *mehr* Kommunikation, *stärkeres* Branding, *bessere* Produkte –, aber mehr kaufen tut der Kunde nicht. In dieser Situation sind wir angekommen. Das trifft wohl für die meisten Märkte von heute zu, und die Mehrheit von Führungskräften würde dieser Aussage zustimmen.

Wo aber finden wir die Ansatzpunkte, um etwas dagegen zu tun? Wo können wir noch Einfluss nehmen auf das, was der Kunde tut – auf sein Verhalten? Worauf müssen wir unser Augenmerk richten, wenn wir den *Durchbruch* suchen?

2.2 Das neue Modell des Marketings: der Prozess des Kaufens im Vordergrund

Die Antwort liegt auf dem *Prozess.* Auf dem Prozess, den der potenzielle Kunde vollzieht – vollziehen sollte – finden wir die Ansatzpunkte. Dieser Prozess spannt sich zwischen dem ersten Aufkeimen eines Bedarfs über alle Phasen bis hin zum Point of Sales, wo der Kunde zugreift und kauft. In seinem Kaufprozess können wir die Stellen orten, wo es eines Anstoßes bedarf, damit der Kunde sich bewegt und sich an unser Produkt annähert.

Auf das obige Modell übertragen: Wir ziehen gleichsam die beiden Elemente an den Enden auseinander: die Zielgruppe und das Produkt. Hervor tritt nun ein Prozess, den der Konsument abschreitet, und der mit dem Kaufakt seinen Abschluss findet (vgl. Abb. 2.3). Einen vorläufigen Abschluss, denn der Prozess setzt sich fort ins Konsumieren und schließlich ins Wiederkaufen, Kaufen in weiteren Produktkategorien etc.

2.2.1 Ein Wegnetz tut sich auf

Den Prozess wollen wir als eine Abfolge von *Handlungen* auffassen. Es ist eine Handlungskette, die ein einzelner Kunde an den Tag legt. Betrachten wir hingegen eine *Vielzahl* an Kunden, wie sie den Weg finden bis zur letzten Station, dem Kauf, dann können wir feststellen, dass sie unterschiedliche Wege wählen: Es stehen ihnen an jeder Stelle mehrere Optionen zur Auswahl: Die einen ergreifen diese Option, die anderen jene. So entsteht das Bild eines *Wegnetzes,* das eine

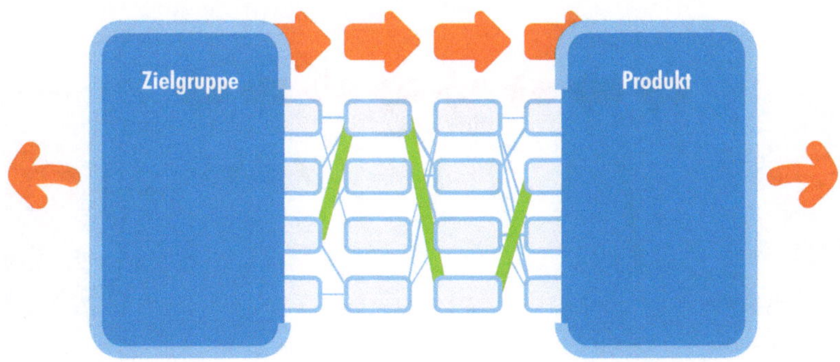

Abb. 2.3 Der Prozessverlauf tritt hervor

Vielzahl von Weggabelungen aufweist, wie im Modell in Abb. 2.4 abgebildet ist. Zwischen Zielgruppe und Produkt tritt ein Prozess hervor.

2.2.2 Die Interventionsstellen aufdecken

In diesem Prozessfluss, der sich vor uns ausbreitet, werden wir die Stellen auffinden können, wo der Prozess stockt. Vielleicht wurde er nicht kräftig genug angestoßen und kam nicht vom Fleck. Oder der Kunde legte eine gewisse Prozessstrecke zurück und steht nun still, weil er sich anderen Dingen zuwandte, die ihm wichtiger erschienen. Oder der Prozess schlug die falsche Richtung ein – eine, die uns nicht genehm ist: Der Kunde nähert sich dem Produkt unseres lieben Mitbewerbers.

Jedenfalls, auf diesem Prozessverlauf werden wir die Stellen erkennen, wo es eines *Schubes* bedarf. Stellen, wo wir intervenieren müssen, wenn wir wollen, dass der Kunde unser Produkt kauft. Wir werden genau hinblicken auf diese Stellen: Können wir dort überhaupt intervenieren? Ist der Kunde mit einem Medium erreichbar und ansprechbar? Mit welchen Antrieben dürfen wir an dieser Stelle rechnen? Oder sind es Hemmer, die sich dem Fluss entgegenstellen?

2.2.3 Mit Impulsen die Antriebe des Kunden treffen

Wir suchen die Antworten. Zwei Fragen geben uns Aufschluss darüber, *wie* wir an der betreffenden Prozessstelle erfolgreich intervenieren können: Welcher Art hat der *Impuls* zu sein, damit er Bewegung auslöst? Und wie ist er umzusetzen,

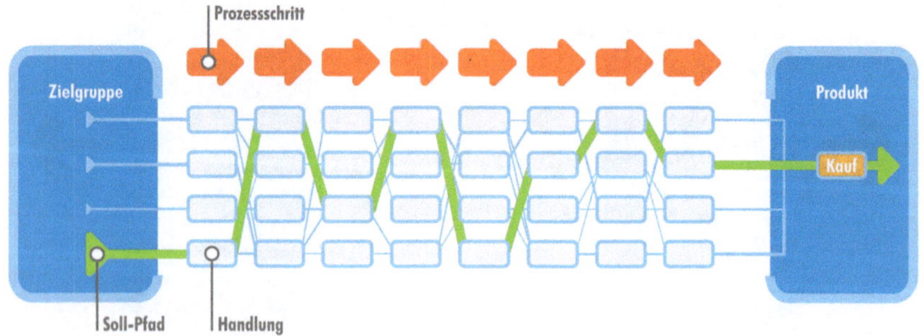

Abb. 2.4 Die Sicht auf Kaufprozesse: ein Wegnetz tut sich auf

damit er wirkt? Inhalt und Form dieses Impulses müssen zu den Antrieben passen, die wir an einer bestimmten Prozessstelle antreffen.

Was sind aber die jeweiligen Antriebe des Kunden, die wir ansprechen müssen, damit dieser sich bewegt? Da müssen wir uns eine Sache vor Augen halten: Der Kunde befindet sich stets in einer ganz konkreten Situation; und diese ist maßgeblich bestimmend für seine Gefühlslage, seine augenblicklichen Prioritäten und dafür, worauf er anspringen wird, wenn wir ihn ansprechen.

Diese Situation verändert sich aber laufend. Der Kunde durchläuft zahlreiche Situationen, bis er kauft (vgl. Abb. 2.5). Die Situation ist beispielsweise in dem Moment, wo ein Wunsch heranwächst oder ein Bedarf entsteht, eine andere als dort, wo der Wochenendeinkauf ansteht, wo dieser Bedarf gedeckt werden soll und die verschiedenen Vorhaben und Ansprüche in Einklang zu bringen sind. Und schließlich, angekommen in der City, ist die Situation nochmals eine andere, wo vielleicht eine willkommene Begegnung mit Freunden oder ein Freizeitvergnügen die Prioritäten durcheinander wirbelt.

2.2.4 Die Antriebe des Kunden wechseln entlang der Prozessstrecke

Wenn wir nun den Kunden ansprechen wollen, wenn wir die Impulse suchen, die ihn tatsächlich bewegen, dann müssen wir die Antriebe treffen, die an der jewei-

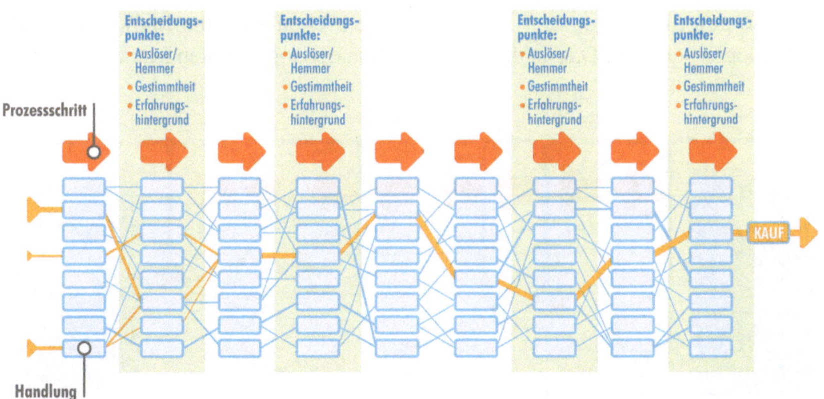

Abb. 2.5 Der Kunde durchläuft unterschiedliche Situationen – entsprechend wechseln seine jeweils vorherrschenden Antriebe

ligen Prozessstelle vorherrschen. Eine Kaufprozess-Analyse im Vorfeld kann uns den Weg weisen.

Der Schluss, den wir daraus ziehen: Es gibt nicht *die* generelle Werbebotschaft, auf die ein Kunde reagiert. Denn es gibt keinen *„mittleren Zustand"* dieses Kunden, mit dem wir rechnen können. Seine Ansprechbarkeit verändert sich fortwährend auf dem Prozessweg, der ihn schließlich ans Kaufen führt. Es wird sich in den meisten Fällen auch zeigen, dass es an *mehreren Stellen* einer Intervention bedarf, damit der Kunde voranschreitet. Ein erster Impuls bewegt ihn vielleicht ein Stück weit, ein zweiter Impuls muss folgen, damit der Prozess sich fortsetzt, ein dritter Impuls übernimmt usw. Wir sind also gehalten, jene Stellen zu bezeichnen, wo ein Impuls ansetzen kann: Der Kunde ist dort medial erreichbar und ansprechbar. Auf diese Weise reihen sich die Impulse auf zur *Impulskette,* die sich über den Prozess spannt (vgl. Abb. 2.6).

2.2.5 Der Produktnutzen: Wo kommt er ins Spiel?

Die Impulse, die wir auf den Kunden richten, müssen die Antriebe treffen. Und wir haben festgestellt, dass sich die Antriebslage dieses Kunden entlang des Prozessverlaufs verändert. Seine Gefühlslage wandelt sich, seine augenblicklichen Prioritäten wechseln und damit auch seine Handlungsbereitschaft.

Wie steht es aber mit den *Nutzenversprechen* eines Produktes, mit der Botschaft einer Marke? Ist diese Markenbotschaft nicht immer die gleiche? Reicht es nicht, wenn wir diese über den Prozess legen und sie nur laufend wiederholen? Konstant, wie gefordert wird, über alle Medien verbreiten wir eine Markenbotschaft, die homogen sein soll. Das ist doch die Maxime der sogenannten Markenführung.

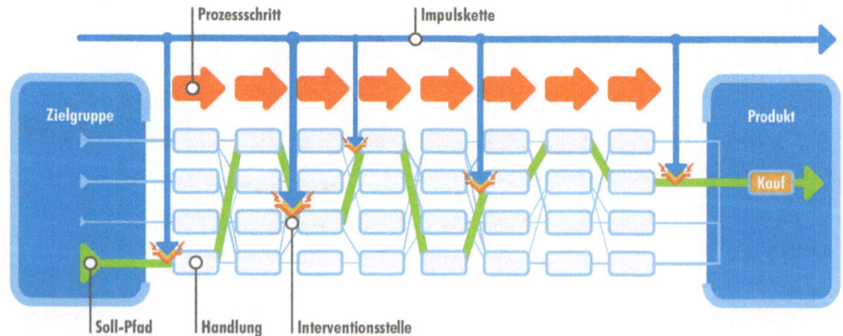

Abb. 2.6 Die Impulskette spannt sich über den Prozess

Die Verhältnisse haben sich verändert. Die bloße Zahl von Marken sei explodiert, sagen uns die Soziologen: Während unsere Eltern noch zwischen einem weißen und einem schwarzen Telefonapparat wählen konnten, stehen uns heute hunderte von Varianten zur Auswahl. Bei den Joghurts im Supermarkt, früher fünf Fruchtaromen und eine neutrale Sorte, treffen wir heute auf hundertfünfzig Varianten im Kühlregal eines Supermarkts, mit fließendem Übergang zu Quarks, zu angereicherten Milchdrinks und Functional Food. 55000 Marken stehen dem Konsumenten heute zur Auswahl, wird geschätzt. Dabei ist unsere Aufnahmekapazität beschränkt wie eh und je: Mit rund 5000 Wörtern unterhalten wir uns im Alltag. Die Informationsüberlastung ist total. Dass die Angebote explodieren, ist das eine, die minimalen Unterschiede von Produkten, die der Kunde kaum noch wahrzunehmen vermag, das andere. Seien es nun funktionale Produktunterschiede oder emotionale, sogenannte erlebnismäßige Produktdifferenzierungen – der Kunde kann sie kaum mehr feststellen. Und schließlich hat sich beim Konsumenten von heute die Erfahrung breitgemacht, dass alle Produkte *„ausreichend gut“* sind, den Ansprüchen genügen – und sonst wende man sich eben an den Kundendienst, mache von der Geld-zurück-Garantie Gebrauch – oder weine sich bei der Verbraucherzentrale aus…

Das alles führt zu einer Gleichgültigkeit des Konsumenten, mit der wir es im Marketing zu tun haben. Schwache Gründe geben den Ausschlag; je nach augenblicklicher Disposition und Stimmung greift der Kunde zu diesem oder zu jenem.

2.3 Die Marke als Leuchtturm

Der Brand diene dem Konsumenten als *Leuchtturm,* lautet eine beliebte Metapher der Verfechter der Markenführung und des Branding (vgl. Abb. 2.7). Gewiss erreicht dieser Leuchtturm noch gelegentlich den Kunden oder streift ihn. Aber die Leuchtkraft, um im Bild zu bleiben, hat doch erheblich an Strahlkraft eingebüßt. Es gelingt ihm nicht mehr, den Kunden zuhause abzuholen und ihn stringent auf den Weg zu bringen (vgl. Abb. 2.8).

Was ist die Folge von der nachlassenden Sogwirkung eines Brands? Es tritt eine Strecke hervor, wo der Antrieb ausfällt. Die Anziehungskraft des Brands greift nicht mehr. Es ist gewissermaßen ein Marken-Niemandsland, das hervorzutreten beginnt.

Antriebe sind aber sehr wohl am Werk. Die Kunden kaufen ja schließlich – nach wie vor, unverändert. Aber offenbar sind es andere Antriebe als jene, die von der Markenbotschaft angesprochen werden. Und mit *diesen* müssen wir uns befassen, wenn wir mit Marketing eingreifen möchten und dafür sorgen wollen, dass Kunden aufbrechen und sich unserem Produkt annähern.

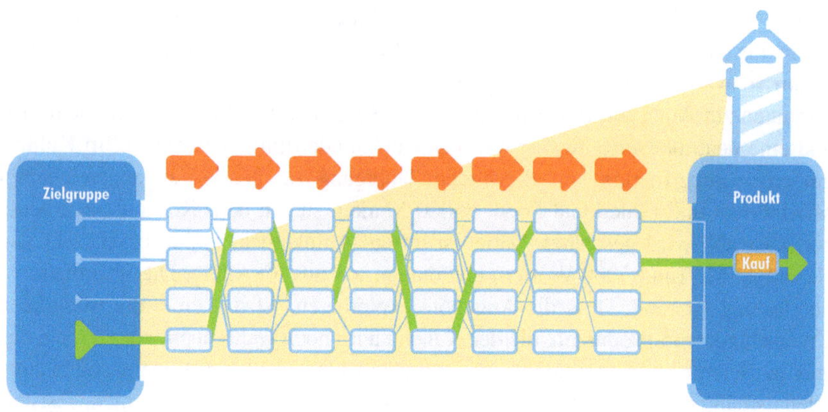

Abb. 2.7 Der Brand als Leuchtturm: Er soll den Kunden anziehen

Abb. 2.8 Das Marken-Niemandsland: Hier fällt der Antrieb aus – die Sogkraft des Brands versagt

Fest steht: Die Markenbotschaft kann es nicht mehr richten. Sie greift vielleicht dann, wenn der Kunde vor dem Regal steht und den verschiedenen Produkten ausgesetzt ist. Dann vermag sie noch den Ausschlag zu geben, zu dieser oder jener Marke zu greifen. Aber sie bringt den Kunden nicht mehr auf den Weg, sie holt ihn nicht mehr von zu Hause ab. Hier braucht es andere Anstöße, handfeste Anstöße, um Kaufprozesse in Gang zu setzen, sie lenken zu können und dafür zu sorgen, dass der Kunde das kauft, was wir ihm anbieten.

2.4 Sieben Taktiken, die Kaufprozesse in Gang setzen

Analysen von Kaufprozessen geben uns darüber Aufschluss, wo gewisse Treiber wirken. Sie gelten jeweils für einen ganz bestimmten Markt und ein bestimmtes Unternehmen. In den rund 200 empirischen Kaufprozess-Analyse, die wir in den vergangenen Jahren durchgeführt haben, zeichnen sich gewisse Tendenzen ab, und es kristallisieren sich Regeln heraus, wie zu verfahren ist, damit der Kunde kauft. In einer gröberen Betrachtung sind es *sieben* Möglichkeiten; wir sprechen von *sieben Taktiken,* mit denen wir in diesem Marken-Niemandsland gestaltend eingreifen können (vgl. Abb. 2.9).

Taktik 1
Sofortnutzen schlägt Produktnutzen!

Taktik 2
Die Folgen einer Handlung müssen für den Kunden zumutbar sein!

Taktik 3
Auf die Kategorie gerichtete Antriebe nutzen!

Taktik 4
Die Reihenfolge von Handlungen entscheidet über den Erfolg!

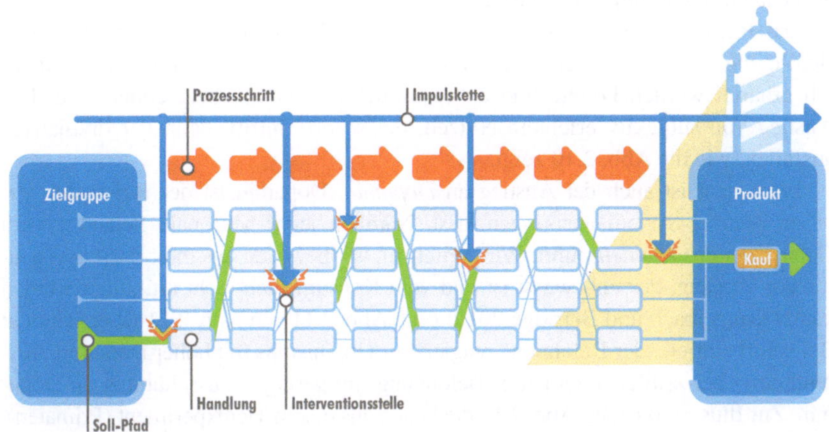

Abb. 2.9 Mit Taktiken bewegen wir den Kunden dort, wo der Brand und die Markenbotschaft nicht mehr greifen

Taktik 5
Die Gewohnheitsmuster aufschlüsseln!

Taktik 6
Das „Schon-mal-Gehört-Haben" von der Marke reicht aus!

Taktik 7
Handlungsautomatismen als Wirkverstärker nutzen!

2.4.1 Taktik 1: Sofortnutzen schlägt Produktnutzen!

Wie mühsam es ist, den Kunden mit einem Nutzen zu bewegen, der erst am Ende einer langen Prozesskette in Aussicht steht, wissen wir alle. Es ist das herkömmliche Vorgehen in Werbung und Marketing. Es stammt aus einer Zeit, wo die Zahl der Produktoptionen für den Kunden noch überschaubar war und wo Knappheit herrschte.

Einen Nutzen ins Jetzt rücken – sofort erreichbar und mühelos – ist das Rezept gegen die Trägheit des Kunden von heute. *Instant Happiness* nennen wir in unserer Agentur das, was wir dem Kunden vermitteln: Dem Kunden ein Zückerchen geben, schon wenn er den ersten, kleinen Schritt in die gewünschte Richtung vollzieht. Das kann eine *extrinsische* Belohnung sein – ein kleines Geschenk – oder *intrinsisch,* das heißt, es hat etwas mit dem Produkt und seinem Nutzen zu tun: Der Kunde kann es ausprobieren, degustieren, in einem attraktiven Umfeld beschauen, beschnuppern, betasten.

Das Prinzip lautet: Lieber sofort eine kleine Belohnung als später eine große Belohnung. Was von den Vertretern der Behavioral Economics experimentell erhärtet werden konnte und als *temporal discounting* bezeichnet wird. Der Anstieg von subjektiv erlebtem Nutzen, der sofort eintritt, kann gar dramatisch ausfallen, wie die Abb. 2.10 zeigt.

Interessant ist auch der Anstieg an *Dopamin.* Dopamin ist der Botenstoff, der unser *Wanting*-System anspringen lässt. Nämlich jener neuronale Schaltkreis im Gehirn, der ans *Handeln* führt: Wir greifen zu, wir bewegen uns motorisch. Ein neuronaler Vorgang, der unbewusst ist und vom Konsumenten nicht artikuliert werden kann (Kringelbach und Berridge 2010) (vgl. Abb. 2.11). In Abb. 2.11 ist ersichtlich: Bei sofort eintretender Belohnung reagiert der Organismus mit hoher Dopamin-Ausschüttung; bei zeitlich verzögerter Belohnung mit geringer Ausschüttung an Dopamin. Zur Illustration zeigt Abb. 2.11 die Daten aus einem Tierexperiment (Primaten).

Demzufolge üben Fernziele eine vergleichsweise geringe Kraft auf das Verhalten in der Gegenwart aus, aber das Verhalten in der Gegenwart – *jetzt* sich auf den

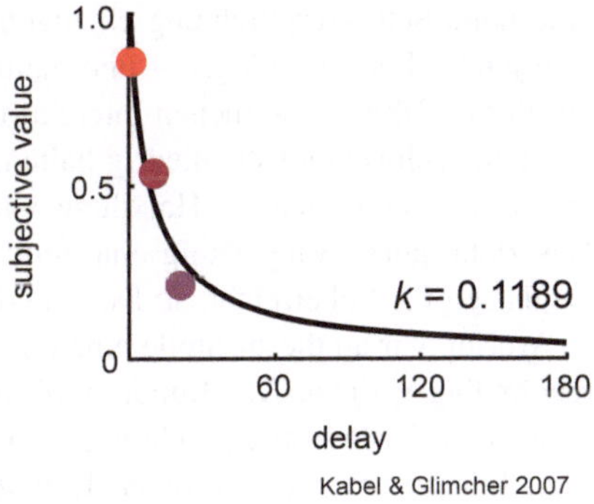

Abb. 2.10 Subjektiver Nutzen im Zeitverlauf bei sog. impulsiven Individuen, basierend auf realem Wahlverhalten, einerseits und neurobiologischen Indikatoren, gemessen mit fMRT, anderseits. (Quelle: Kable und Glimcher 2007)

Kabel & Glimcher 2007

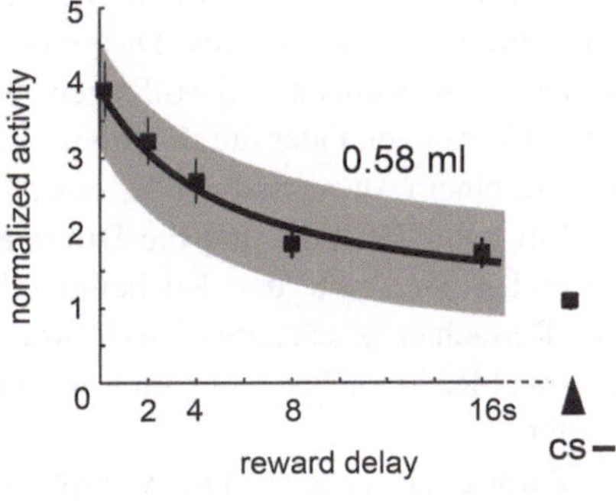

Abb. 2.11 Dopamin-Reaktionen nehmen mit Belohnungsverzug ab. (Quelle: Kobayashi und Schulz 2008)

Prozess begeben – ist die Voraussetzung dafür, dass ein Fernziel je erreicht wird. Auf dieses Dilemma antwortet Richard H. Thaler (Thaler und Sunstein 2009), ein Exponent der Behavioral Economics, mit seinem Konzept des *Schubsens* (Nudge): einen Anreiz im Hier und Jetzt geben, um Menschen auf „gute“ Ziele hinzuführen, wie beispielsweise finanzielle Vorsorge für das Alter.

2.4.2 Taktik 2: Die Folgen einer Handlung müssen für den Kunden zumutbar sein

Das, was nach Vollzug einer Handlung eintritt, oder genauer: das, was der Kunde sich in seinem Kopf vorstellt, was eintreten werde, wenn er jetzt handle, das darf ihn nicht erschrecken und nicht überfordern. Der Kunde wird nicht bereit sein, eine hohe Selbstverpflichtung einzugehen. Er wird auch davor zurückschrecken, sich jetzt schon festzulegen – und dann das Gesicht zu verlieren, wenn er später aus der in Fahrt gekommenen Interaktionsabfolge wieder aussteigen möchte.

Hemmschwellen stets niedrig halten, lautet die Taktik. Behutsam voranschreiten. Bei jeder folgenden Handlung wird die Selbstverpflichtung sachte erhöht. Das zieht ganz zwangsläufig eine fein zergliederte Handlungsabfolge nach sich, bis das große Ziel erreicht ist: Der Kunde kauft. Die Prozessstrecke wird länger.

Werfen wir an dieser Stelle einen Seitenblick in die Praxis. Dieses Gebot wird regelmäßig verletzt. Der Kunde wird angelockt, er wird dann noch „informiert" (was keinerlei Selbstverpflichtung beinhaltet), und dann schreitet man direkt ans Ziel: Berater anfordern oder gar Kaufabschluss. Niedrige Conversion Rates sind die Folge, eine große Zahl von Aussteigern und verpasste Chancen.

Von der Praxis wird oft eingewendet: Lange und vielgliedrige Handlungsketten führen zu *hohen Kosten.* Das muss nicht sein. Denn viele dieser Handlungen können vom Kunden still vollzogen werden, durch leises Kopfnicken stimmt er einem Vorteil zu. Oder durch bloßes Ankreuzen auf ein und demselben Werbemittel: auf einem Antworttalon oder einer Landingpage.

Ein gutes Beispiel sind die Direct Response TV-Spots, die in den USA sehr verbreitet sind. Zu der Küchenmaschine des Marktführers *KitchenAid* wird der Betrachter geschätzte fünfzig Mal zustimmen: innerlich und leise oder mit „Wow!"-Rufen… bis schließlich die Handlung erfolgt: bestellen über das Callcenter.

Zurück zur Theorie. Die Verhaltensforscher lehren uns den Grundsatz, dass *mehr* Zwischenschritte erfolgreicher sind und die Abschlusswahrscheinlichkeit letztlich erhöhen. Dass die Ausgestaltung dieser Prozesskette nach *ökonomischen Prinzipien* erfolgen soll, versteht sich von selbst. Kosten und Nutzen müssen in einem günstigen Verhältnis stehen. Tests können helfen, dieses Optimum zu finden.

2.4.3 Taktik 3: Auf die Kategorie gerichtete Antriebe nutzen!

Die starken Antriebe, auf die wir bei den Konsumenten treffen, sind auf die *Kategorie* gerichtet – nicht auf ein Produkt, das einen bestimmten Namen trägt. Es ist der *Kernnutzen* der Kategorie, auf den sich das Begehren richtet. Ein Kernnutzen, der allen Produkten in dieser Kategorie eigen ist. Oder korrekter gesagt: Es zählt das, was der Konsument von den Produkten einer Kategorie erwartet. Wenn es uns gelingt, diesen Kernnutzen ins Feld zu führen, dann treffen wir auf die starken Antriebe. Alles Weitere ist dann Kinderspiel.

Das ist jedenfalls, was wir bei den über zweihundert empirischen Kaufprozess-Analysen festgestellt haben, die wir für Hersteller von Fast Moving Consumer Goods und von dauerhaften Gütern wie TV Geräte, Autoreifen, Automobile und viele andere mehr durchgeführt haben. Nicht anders verhält es sich bei Finanzdienstleistungen, die von Banken und Versicherungen angeboten werden. Sie sind maßgeblich vom Kernnutzen getrieben[1]. Wir drücken das so aus:

▶ Kaufprozesse sind in der überwiegenden Zahl *generisch getrieben*. Damit wollen wir sagen: Es ist ein *Kernnutzen* von Produkten in einer bestimmten Kategorie, der den Prozess anschiebt und über weite Strecken bewegt … und den Umsatz beschert.

2.4.4 Taktik 4: Die Reihenfolge von Handlungen entscheidet über den Erfolg!

Es hat sich dafür der Begriff der *Pfadabhängigkeit* eingebürgert: Für den Ausgang eines Prozesses ist die Reihenfolge von Prozessschritten entscheidend. Bei empirischen Kaufprozess-Analyse ist häufig zu beobachten: Es ist nicht ganz einfach, solche Abhängigkeiten festzustellen – die richtige Reihenfolge aufzudecken. Sie sind aber oft ausschlaggebend, ob der Kunde diese oder jene Marke kauft.

Ein Beispiel: In der Reisebranche versuchten die Anbieter, die Reiseveranstalter, ihre Vorzüge ins Feld zu führen: bester Service; Sicherheit, dass ihr Produkt hält, was sie versprechen, konkurrenzlose Preise etc. Der Kunde hört die Botschaft nicht, hat eine Kaufprozess-Analyse ans Licht gebracht. Denn wenn er seine Ferien plant, interessiert er sich nur für eines: die Destination. Wohin soll ich in den Urlaub gehen – was erwartet mich dort? Und: Wo bekomme ich – neutral und ehrlich – Aufschluss über meine Wunschdestination? Das treibt ihn zur ersten Handlung. Welcher Anbieter – TUI, Kuoni, ITS – spielt kaum eine Rolle. Vorzüge des Anbieters kommen später im Prozess ins Spiel, vor dem Abschluss vielleicht. – Nur: Eingespurt auf einen bestimmten Pfad hat sich dann der Kunde bereits; er ist in Kontakt mit jenem Anbieter geraten, der ihm ebendiese (neutrale und ehrliche) Information über die Destination zugänglich gemacht hat. Der Anbieter, der sich ins beste Licht rückt, seinen Brand und seine Vorzüge herauskehrt, kommt zu spät. Der Kaufprozess läuft an ihm vorbei.

[1]Ausnahmen gibt es, die aber selten auftreten. Produktmarken bei Luxusgütern zählen dazu und einige weitere Güter, wo der demonstrative Konsum vorherrscht.

2.4.5 Taktik 5: Die Gewohnheitsmuster aufschlüsseln!

Es gibt Routinen auf dem Verlauf von Kaufprozessen: repetierende Verhaltensmuster, die sich an einer ganz bestimmten Stelle in der Biografie eines Konsumenten herausgebildet haben. Sie weisen die logische Form von *wenn.../dann...* auf: *Wenn* gewisse Ereignisse eintreten, ein Bedarf sich bemerkbar macht etc., *dann* reagiert der Konsument auf bestimmte und voraussagbare Weise. Eine ziemlich starre Mechanik beginnt sich abzuspulen.

Solche Routinen haben sich häufig in jungen Jahren eingespielt. Zu einem Zeitpunkt, als der betreffende Konsument begann, sich mit der Produktkategorie zu beschäftigen: Waschmittel einzukaufen, nachdem er von zu Hause auszog; Zahnpasta zu besorgen nach der Familiengründung; das neueste Mobiltelefon anschaffen, nachdem das erste Einkommen verfügbar war usw.

Für das Marketing ist es von großem Wert, diese Mechanik zu kennen: Was sind die Wenns und die Danns? Es erklärt nämlich, warum dieser Mensch, angekommen am Point of Purchase, auf eine bestimmte Art und Weise reagiert. Es entzaubert auch die Mär: „Alles entscheidet sich am Point of Sales!", was noch immer gepredigt wird. Oder die Aussage: „90 % der Kaufentscheide fallen am Point of Sales", wie man in der populären Marketingliteratur nachlesen kann.

▶ Richtig ist: Am Point of Sales kann nur das ausgelöst werden, was als Disposition in diesem Menschen angelegt ist. Und die Disposition, ein bestimmtes Produkt zu kaufen oder auf eine bestimmte Aussage zu reagieren, ist in früherer Zeit herangewachsen, oft in jungen Jahren. Diese Disposition zu kennen, ist sehr hilfreich.

2.4.6 Taktik 6: Das Schon-mal-Gehört-Haben von der Marke reicht aus!

Es gibt im Marketingwissen das Konzept des *Evoked Set*. Es besagt, dass der Konsument die Marken ordne, nämlich nach bestimmten Kategorien von Produkten. Wenn er dann vor einer Kaufsituation steht, er beispielsweise Benzin tanken will, dann wird er jene zwei, drei oder vier Marken einer Kategorie in sein Arbeitsgedächtnis abrufen, welche seine Bedürfnisse am besten abdecken bzw. ihm in den Sinn kommen. So steht es geschrieben im Klassiker über Konsumentenverhalten von John A. Howard und Jagdish N. Sheth (Howard und Seth 1969) und findet sich noch heute unverändert im maßgebenden deutschsprachigen Lehrbuch wieder von Werner Kroeber-Riel und fortgesetzt von Weinberg und

Gröppel-Klein (2013, S. 340). Die Schlussfolgerung für die Praxis ist eine einfache: Man befördere die eigene Marke in dieses Evoked Set, und zwar möglichst an die vorderste Stelle. Dann werde sie von den Konsumenten im Wahlentscheid bevorzugt. Je weiter vorn, desto höher werde der Anteil am Markt ausfallen. Und dazu braucht es viel Werbung.

Ist das die Realität? Es ist das theoretische Modell des *Homo oeconomicus,* das einmal mehr durchschimmert in der Theorie des Marketings. Ein Wahlentscheid finde statt, gewissermaßen im luftleeren Raum: Alternativen werden abgerufen aus dem Gedächtnis – sie konstituieren das Evoked Set –, die Alternativen werden dann gegeneinander abgewogen, jene, welche den Bedürfnissen am besten zu entsprechen scheint, wird bevorzugt – und dann werde der Konsument folgerichtig handeln, eben hingehen und kaufen.

Nun, in der Realität befindet sich der Konsument nicht im luftleeren Raum. Vielmehr befindet er sich an einer ganz bestimmten Stelle in einem Prozess. Am Ausgangspunkt, vielleicht zu Hause, steigt ihm lediglich ins Bewusstsein, dass er innerhalb einer bestimmten Produktkategorie etwas zu beschaffen habe. Vielleicht braucht die Mutter Zahncreme für die Familie, weil der Vorrat zur Neige geht. Fortgeschritten auf dem Prozessweg – nehmen wir an, angekommen im Supermarkt – sucht sie die Kategorie auf, wo sie Produkte für die Zahnpflege erwartet. Dort angekommen ist sie zahlreichen Marken ausgesetzt. Die einen versprechen „sofort weiße Zähne", die anderen locken damit, in den Zwischenräumen der Zähne besser zu reinigen, dank einem Granulat. Und eine weitere Marke hat rote Streifen, was die Kinder gerne mögen.

Was wird sie wählen? Bei Zahnpasta, das sagt uns die Forschung, orientiert sich die Kundin primär an gewissen Eigenschaften. Und die Marke? Sie spielt als *Ausschlusskriterium* eine Rolle: Wenn sie von der Marke noch nie etwas gehört hat, dann wird sie zögern. Oder, in die Theorie des *Evoked Set* übertragen: Die Kundin wird ihr Evoked Set befragen. Wenn sie von diesem die Antwort erhält: *„Schon-mal-Gehört!"*, so ist das ausreichend für sie; die Ampel steht auf Grün, sie kauft.

▶ Bedeutsam ist folgender Unterschied: Um auf die oberen Ränge im Evoked Set zu gelangen, bedarf es enormer Werbeinvestitionen. Dagegen die Schwelle des „Schon-mal-Gehört-Haben" zu erreichen, kommt mit einem Bruchteil an Werbeausgaben aus. Beziehungsweise: Die meisten der heute erhältlichen Marken haben diese Schwelle längst erreicht oder überschritten.

2.4.7 Taktik 7: Handlungsautomatismen als Wirkverstärker nutzen!

Ein besonderes Augenmerk verdienen die *Handlungsautomatismen,* die im Prozessverlauf wirksam werden können. Auch sie sind mit Impulsen anzusprechen. Es sind gewisse *Dispositionen,* die im Menschen schlummern, und die bloss „angeklickt“ zu werden brauchen, worauf sie ein ganz bestimmtes Verhaltensmuster freigeben: Die Menschen reagieren auf bestimmte, voraussagbare Weise. Eben automatisch, ohne Beteiligung von Bewusstsein.

Handlungsautomatismen sind mehrheitlich *genetischen Ursprungs,* das heißt im Erbgut des Menschen angelegt. Es sind Reaktionsmechanismen, die unseren Vorfahren das Überleben sicherten. Deshalb verlaufen sie bei allen Menschen nach nahezu *gleichem Muster.* Die Grundlagenforschung hat sie zu weiten Teilen aufgedeckt, nämlich die Verhaltensbiologie, die Sozialpsychologie und die experimentell ausgerichtete Psychologie. Solche Handlungsautomatismen zu nutzen kann die *Wirkung* von Kommunikation verstärken, nicht selten *um Faktoren* zwischen *zwei* und *fünf.* Kombinieren wir mehrere dieser Handlungsautomatismen, so kann daraus eine enorme Wirkverstärkung hervorgehen.

Wir kennen *zehn* solcher Handlungsautomatismen und bezeichnen sie als *Wirkverstärker.* Im Zuge der praktischen Ausgestaltung einer Kommunikationskonzeption lassen sich jeweils eine Handvoll solcher Wirkverstärker finden, die sich mit Gewinn einsetzen lassen. Die folgende Auflistung soll dazu als Checkliste dienen:

1. Angeborene Auslöse-Mechanismen nutzen!

Der Mensch reagiert auf ganz bestimmt ausgeprägte Reize automatisch: motorisch und emotional. Berühmt ist das *Kindchenschema* von Konrad Lorenz geworden. Die auslösenden Merkmale dieses Kindchengesichtes sind: große, runde Kulleraugen; große und ausladende Stirnpartie; kleines und rundliches Kinn. Der Mensch (Mann und Frau) reagiert mit gesteigerter Aufmerksamkeit, Zuwendung, einem emotionalen Erregungszustand, begleitet von Verbalisierungen wie „herzig“, „lieblich“ und „süß“.

Eine Vielzahl solcher *Schlüsselreize* ist heute erforscht. Es sind Bilder, Bildschemen, aber auch bestimmte mimische Ausdrucksformen und ganze Handlungsvollzüge, sogenannte *Rituale.*

2. Primat der Handlung – sofort belohnen!

Das Rezept lautet: Man stoße ein Verhalten an und stelle sicher, dass es umgehend belohnt wird. Der Antrieb für das Verhalten ist egal: schubsen, überreden oder überzeugen – Hauptsache, das Verhalten wird ausgeführt und die Belohnung folgt auf dem Fuß. Der Effekt ist ein doppelter: Zunächst ist der Mensch, der die Handlung vollzogen hat, in eine neue Situation eingetreten; neue Befindlichkeiten gehen daraus hervor, neue Handlungsbereitschaften und eine neue Ansprechbarkeit – womit wir die Folgehandlung einleiten können. Der zweite Effekt: Das vollzogene und belohnte Verhalten wurde *gelernt*. Es steigt damit automatisch dic Wahrscheinlichkeit, dass künftig, in vergleichbarem Kontext, das Verhalten wiederholt wird.

3. In wohlbemessenen Handlungsschritten ans Ziel!
Ein Erfolgsprinzip, das uns die Verhaltensforscher an die Hand geben: Komplexes oder spontan kaum auftretendes Verhalten unterteile man in kleine Verhaltensetappen; für jede einzelne Etappe verfahre man nach dem Wirkgesetz Nr. 2 *„Primat der Handlung – sofort belohnen!"* So baut man schrittweise – Glied für Glied – eine Handlungskette auf.

4. Commitments einholen: Vom kleinen Ja zum grossen Ja!
Das Prinzip dieses Wirkverstärkers basiert auf einer Gesetzmäßigkeit und einer Taktik. Die *Gesetzmäßigkeit* lautet: Der Mensch neigt dazu, zwischen dem, was er sagt, und dem, was er tut, eine Übereinstimmung herzustellen: er will konsistent sein, gegenüber sich selbst und gegenüber anderen. Die *Taktik* nutzt diese Gesetzmäßigkeit, indem sie einem Menschen eine Zusage abfordert: verbal, durch Kopfnicken, ankreuzen etc., worauf automatisch eine damit konsistente Handlung folgen wird.

5. Dankesschuld aufbauen!
Ein gleichsam zwanghaftes Bedürfnis der Menschen, auf etwas „Geschenktes" mit einer Gegenleistung zu antworten. Also: Derjenige, der schenkt, hat Kontrolle über den Prozess. Er leitet die Handlung seines Gegenübers ein. Was noch hinzu kommt: Im Menschen schlummert eine (angeborene) Tendenz, ein Geschenk anzunehmen. Kein Wunder, dass die Sozialpsychologen von einem *Reziprozitätszwang* sprechen.

6. Was die Mehrheit tut, wird wohl richtig sein!
Was offensichtlich die Mehrheit tut, löst bei uns Menschen die Tendenz aus, es ihr gleichzutun (und schaltet nebenher den Verstand ab). Etwas *gegen* die Mehrheit zu tun, löst Unlustgefühle aus: das Schmerzzentrum im Gehirn wird aktiviert, wie die Neurobiologen festgestellt haben.

7. Knappheit erzeugen!

Auf Signale von Knappheit reagieren wir automatisch – und ziemlich schnell. Ein Programm in uns wird aktiviert, das direkt die Motorik ansteuert: *„Zugreifen!"* lautet der Befehl, der umgehend ausgeführt wird.

8. Schemenbilder aktivieren!

Es gibt Schlüsselbilder, die ganze Gefühlswelten aufschließen. Ihr Ursprung rührt aus angeborenen Vorstellungskomplexen, sog. *Archetypen,* die man in Mythen, Märchen und in der Kunst findet, etwa Elfen, Hexen, Vampire, Glücksfeen oder Helden. Häufig sind diese Archetypen vom Zeitgeist überlagert und kulturell geprägt. Man findet sie in der Massenkultur wieder. Ihre Nähe zum *„Kitsch"* ist bemerkenswert: ein sofort auftretender Gefühlseffekt, der keinerlei bewusster Decodierungsarbeit bedarf – ein Effekt, der einen sofort „anspringt". Die Kommunikation setzt solche Schlüsselbilder mit Vorteil ein.

9. Mere exposure: Die blosse Tatsache von Kontakt zählt!

Mere-Exposure-Effekt bedeutet, dass die bloße Tatsache, dass wir einem Reiz wiederholt ausgesetzt sind, ein angenehmes Gefühl in uns hervorruft und unsere Einstellung gegenüber diesem Reiz positiv ausrichtet. Wörter, Bilder, ja gar uns völlig fremde chinesische Schriftzeichen werden positiver beurteilt, je häufiger sie in unseren Gesichtskreis treten.

Interessant ist die Feststellung, dass dieser Effekt auch auftritt, wenn der Reiz nicht unser Bewusstsein erreicht. So haben Darbietungen von Reizen im sublimalen Bereich, das heißt unter 80 ms Expositionszeit, gar einen stärkeren Einstellungseffekt im Vergleich zu bewusst wahrgenommenen Reizen. Kahneman (2012) sagt das so: Wiederholung schläfert das Bewusstsein ein und macht uns anfälliger für logische Fehlschlüsse!

10. Sendervorteile nutzen!

Das bedeutet: Je nachdem, *wer* etwas sagt – in der Werbung, im Verkauf –, ist man geneigt, das zu glauben, der Aussage zuzustimmen und der Handlungsempfehlung Folge zu leisten. Die Eigenschaften, die den erfolgreichen Kommunikator ausmachen, sind gut erforscht. Es sind deren drei:

- *Sympathie:* nett, schön, ähnlich mit uns selbst und gar vertraut soll der Sender sein – dann lassen wir uns gerne von ihm überzeugen.
- *Fachliche Autorität:* Fachexperten und Autoritäten auf ihrem Gebiet haben hohe Glaubwürdigkeit und wir sind geneigt, ihrer Empfehlung zu folgen. Erstaunlich nur, wie ausgeprägt diese Bereitschaft ist, wie automatisch und

unreflektiert sie sich einstellt, und wie leichtfertig wir Täuschungen auf den Leim gehen. Bloße *Insignien* von Autorität reichen aus wie beispielsweise Titel, Kleidung, Stethoskop usw.

- *Neutralität:* Wenn wir dem Kommunikator keine eigennützigen Motive unterstellen, erhöht das seine Glaubwürdigkeit. Deshalb legt man die Botschaft einem Testimonial in den Mund, dem Fachhändler, oder man zitiert Berichte von neutralen Testinstituten.

2.5 Kanäle und Kommunikation verschmelzen

Neu anzudenken sind auch die *Kanäle* und ihre Rolle, nämlich jene Orte, wo der Kunde bestellen und kaufen kann. *Kanäle* und *Kommunikation* lassen sich heute nicht mehr auseinanderhalten: Im Kanal informiert sich der Kunde zunehmend (z. B. Internet), inspirieren lässt er sich wieder in einem anderen Kanal (z. B. im Ladengeschäft), um zu bestellen sucht er erneut einen anderen Kanal auf (z. B. das Call Center) und die Produkte nimmt er wieder an einem anderen Ort entgegen (vgl. Abb. 2.12).

Die *Cross-Channel-Pfade* des Kunden sind vielfältig. Es reicht nicht mehr aus, ihm alle Kanäle anzubieten („der Kunde könne wählen!", hört man gelegentlich). Vielmehr sind wir gehalten, den Kunden zu *führen,* damit er jene Pfade beschreitet, wo der jeweilige Kanal seine Stärken ausspielen kann, eben: nur informieren oder inspirieren oder dialogisieren oder bestellen usw. Ein Kanal ist nur geeignet, den Kunden in einer ganz bestimmten Kaufphase voranzubringen. Für andere Phasen ist wieder ein anderer Kanal der geeignetere.

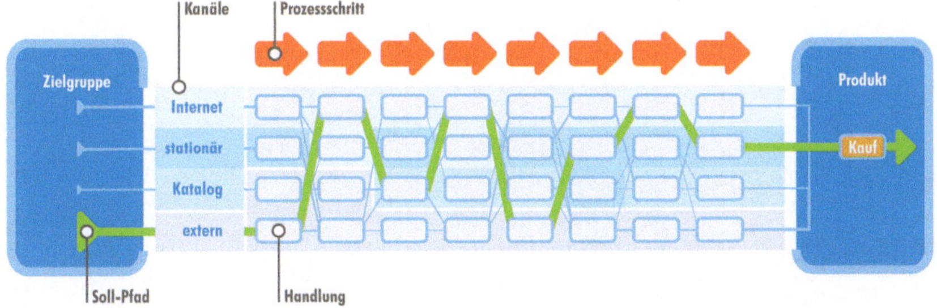

Abb. 2.12 Der Kunde beschreitet Kanäle und er wechselt von einem zum andern

2.6 Kaufen und immer wieder kaufen

Kaufen tut der Kunde nicht nur einmal; wir wünschen vielmehr, dass er wiederholt kauft. Auch soll er an weitere Produkte geführt werden, die wir ihm anbieten können: andere und vielleicht wertigere Produkte. So streckt sich der Prozess über den Kauf fort (vgl. Abb. 2.13). Auch in diesen Phasen wollen wir den Kunden mit Marketing begleiten: ihm Kanäle anbieten und mit Impulsen seinen Prozess fördern. Sie werden allenfalls anders ausgerichtet sein als beim ersten Kauf: es geht um die sog. Loyalty. Auch ist denkbar, dass uns andere Medien zur Verfügung stehen, um das folgende Kaufen zu stimulieren: Customer Relation Management (CRM), Sammel-Systeme und Loyalty-Programme, Bypacks usw. heißen die dafür genutzten Instrumente.

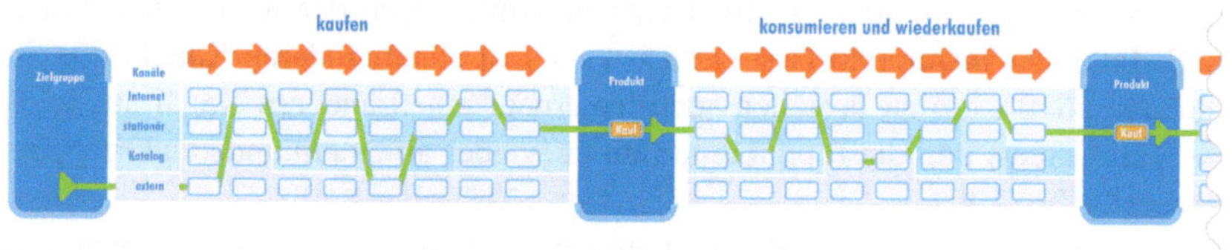

Abb. 2.13 Verlängerung des Prozesses zum Konsumieren und wiederholt Kaufen

3 Eine Marketing-Konzeption, die wirklich vom Kunden ausgeht

Kaufprozessorientiertes Marketing heißt, konsequent den Kunden ins Zentrum zu stellen. Nun gibt es, wie wir festgestellt haben, nicht den Kunden mit einer gegebenen Bedürfnisstruktur. Vielmehr bewegt sich der Kunde auf einem Weg durch Raum und Zeit: Er nimmt laufend neue Befindlichkeiten an, seine Gefühle wechseln, und seine momentanen Prioritäten verändern sich fortwährend. Seine Bedürfnisse sind im Fluss. Auf diese momentanen Befindlichkeiten, Gefühlszustände und Prioritäten muss das Marketing eingehen, wenn es den Kunden wirklich ins Zentrum stellen will. Wenn wir bloß auf einen irgendwie errechneten Durchschnitt – einen mittleren Zustand – abstellen, dann sind wir zu jedem Zeitpunkt weit entfernt von der Realität des Kunden. Wir zielen immer am Kunden vorbei.

3.1 Die Systemelemente

Wir beginnen beim Kunden und folgen der oben getroffenen Feststellung, dass sich der Kunde in einem *Prozess* bewegt, der ihn dem Akt des Kaufens näher bringt (vgl. Abb. 3.1).

Es kann sich aus Gründen der Wirtschaftlichkeit aufdrängen, dass die *Zielgruppe* eingeengt und ausgewählt wird aus dem Universum, was einer Fokussierung gleichkommt (vgl. Abb. 3.2).

Den Prozess, der den Kunden ans Kaufen führt, betrachten wir selektiv unter dem Gesichtspunkt von *Handlungen,* die aufeinander folgen und sich so zu einer *Handlungskette* aufreihen. Bei jeder einzelnen Handlung interessieren wir uns für die *Faktoren,* welche die Handlung begünstigen: Auslöser/Hemmer und Belohnung/Bestrafung (vgl. Abb. 3.3).

M. Rutschmann, *Kunden ans Kaufen heranführen,* essentials,
DOI 10.1007/978-3-658-16187-3_3

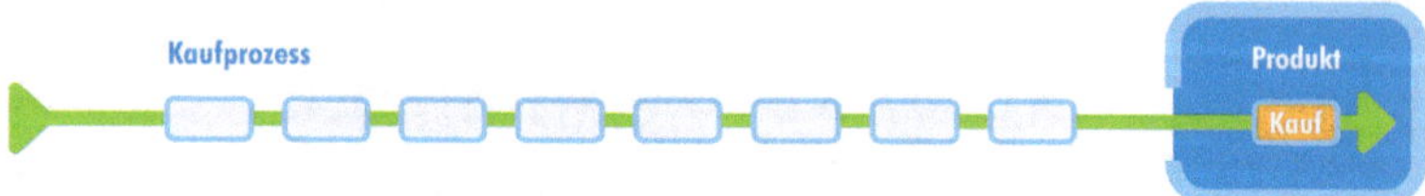

Abb. 3.1 Der Prozess, der ans Kaufen führt

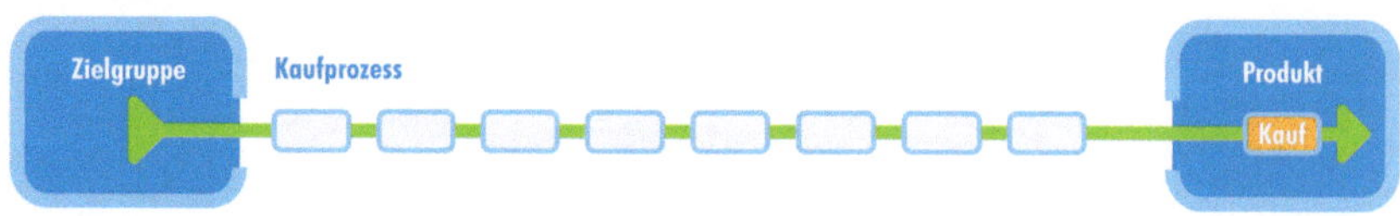

Abb. 3.2 Eine Zielgruppe wird anvisiert

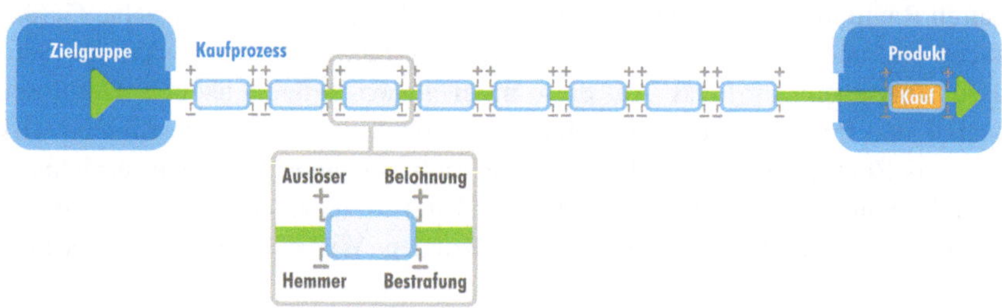

Abb. 3.3 Faktoren, die den Prozessfluss fördern oder hemmen

Nun geht es nicht um einen einzelnen Kunden, sondern um viele. Diese beschreiten unterschiedliche Wege in Richtung Kauf. Legen wir diese Wege übereinander, so entsteht ein *Wegnetz*. Doch man erkennt Gemeinsamkeiten; *Muster* treten auf diesem Wegnetz hervor (vgl. Abb. 3.4).

Die Unternehmen offerieren dem Kunden unterschiedliche Vertriebswege, die er betreten kann. Von *Kanälen* sprechen wir, wo der Kunde sich inspirieren und informieren kann und schließlich kauft und die Güter oder Dienstleistungen entgegennimmt. Zunehmend häufiger überquert der Kunde die Grenzen von Kanälen. Sogenannte *Cross Channel-Pfade* lassen sich erkennen. Auch verlässt der Kunde häufig die Kanäle und setzt den Prozess *außerhalb* fort: im Freundes- und Familienkreis informiert er sich, in seinem Alltag oder auf Reisen wird er inspiriert (vgl. Abb. 2.12).

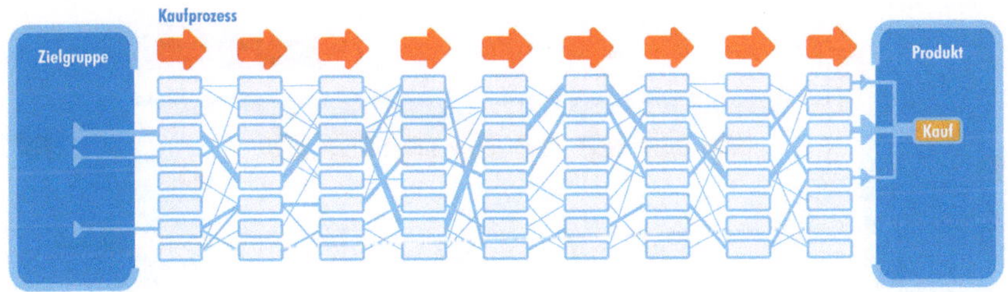

Abb. 3.4 Ein Wegnetz entsteht, wenn zahlreiche Kunden unterwegs sind

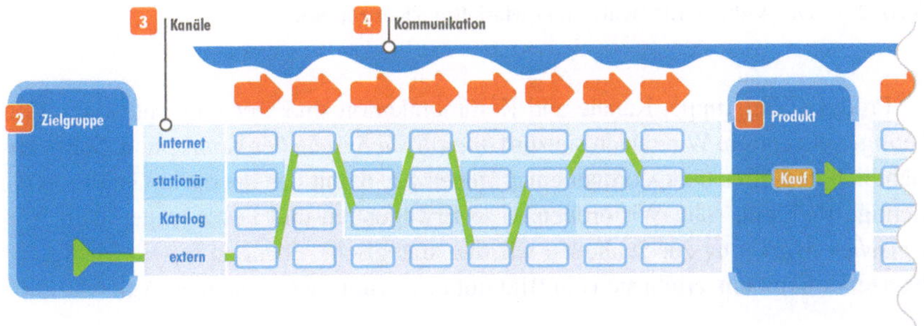

Abb. 3.5 Vier Elemente einer Marketing-Konzeption: Produkt, Zielgruppe, Kanäle und Kommunikation

Der Akt des Kaufens ist erst ein *Etappenziel*. Daran anschließend wird der Kunde *konsumieren,* er wird Erfahrungen machen beim Genießen, Verbrauchen oder Anwenden des Produktes, und es soll sich der nächste Schritt anbahnen: ein *wiederholtes Mal kaufen.*

Im Zuge unserer Modellentwicklung haben wir bis hierher *drei* Elemente bezeichnet: Produkt, Zielgruppe und Kanäle. Sind diese gut gewählt und richtig ausgeprägt, dann bewegt sich das System. Andere Unternehmen möchten sich nicht auf nur drei Elemente verlassen. Sie wollen ins Geschehen eingreifen und setzen von außen zusätzlich Schub an: Mit *Kommunikation* beschleunigen sie die Prozesse. Es sind *Botschaften,* die sie an die potenziellen Kunden herantragen. Sie sollen, nach gängiger Auffassung, ein vorteilhaftes Bild vom Produkt erzeugen. Oder es handelt sich um Kaufanreize, die als Below-the-Line-Kommunikation bezeichnet werden. Die Kommunikation ist das vierte Element in unserem Marketing-Konzept (vgl. Abb. 3.5).

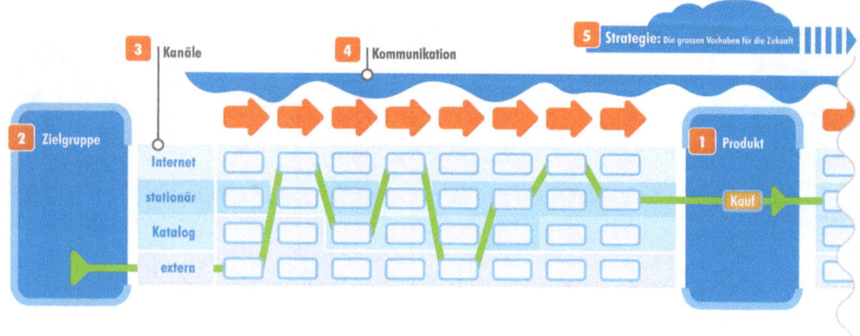

Abb. 3.6 Die 4 plus 1 Elemente einer Marketing-Konzeption

Produkt, Zielgruppe, Kanäle und Kommunikation sind vier Elemente einer Marketing-Konzeption. Wir zählen sie zum *operativen System* der Konzeption. Selbstverständlich bedarf es übergeordnet einer *Steuerung,* damit das operative Gefährt in die richtige Richtung rollt. Wir ordnen diese Erwägungen und Festlegungen dem *strategischen Marketing* zu. Schließen wir die strategische Ebene in unsere Marketing-Konzeption mit ein, ergibt sich ein Bild mit insgesamt *fünf* Elementen (vgl. Abb. 3.6).

3.2 Die Ordnung der Systemelemente zur Ziel-Mittel-Hierarchie

Wenn es nun um die Ausgestaltung dieser Elemente geht – im Hinblick auf ein bestimmtes Unternehmen und einen bestimmten Markt –, dann stellt sich die Frage nach der *Reihenfolge:* Welches Element werden wir als erstes ausgestalten und konkretisieren? Nicht einfach, denn es liegen *Interdependenzen* zwischen sämtlichen Systemelementen vor.

Nehmen wir als Beispiel die zwei Elemente *Zielgruppe* und *Produkt:* Welches Produkt wollen wir an welche Zielgruppe herantragen? Beide Variablen sind unbestimmt: Die Zielgruppe kann aus zahllosen Teilsegmenten bestehen und das Produkt kann unendlich viele Ausprägungen annehmen. Eine zufriedenstellende Lösung ist wohl nur in einem *iterativen Hin und Her* zwischen Zielgruppe und Produkt zu finden.

Zwischen zwei Elementen ist ein Findungsprozess der beschriebenen Art wohl zumutbar und kann noch bewältigt werden: Die Zahl erforderlicher Iterationen ist überschaubar. Das ändert sich aber dramatisch, wenn wir *fünf* Elemente haben, jedes davon mit einer Vielzahl an möglichen Ausgestaltungsvarianten. Die Zahl der Kombinationen explodiert. Hier braucht es etwas, das uns leitet: Nennen wir es eine *Daumenregel.*

Eine bewährte Daumenregel ist der Weg von oben nach unten: Übergeordnet werden Elemente als *Ziele* ausgestaltet und gesetzt, womit sie den Rahmen für die untergeordneten Elemente abgeben: Diese sind dann die *Mittel* für die Erreichung der Ziele. Diese Mittel nehmen dann wiederum Zielcharakter an, um auf der noch tiefer liegenden Ebene wieder nach geeigneten Mitteln und Instrumenten zu suchen, usw. Es geht eine *Ziel-Mittel-Hierarchie* aus dieser Logik hervor. Stets gilt bei dieser Daumenregel: zuerst die Ziele festlegen, dann die Mittel. Wir nennen das ein *Top-down*-Vorgehen.

Dieses Vorgehen hat eine gewisse Logik auf seiner Seite, mindestens eine *Willenslogik:* „Ich will an diesem Ziel ankommen", sagt sich der Feldherr und beordert die Mittel, die ihm dazu dienlich sind. Die *Vorteile* sind: Man ist herrlich frei und souverän im Setzen von Zielen; der Prozess ist gradlinig und er ist rasch abgeschlossen. So bewährte sich das Vorgehen in der Kriegsführung, wo rasch und entschlossen gehandelt werden muss. Von dort stammt auch das Prinzip, das strategische Vorgehen, was wörtlich heißt: die Feldherrenkunst.

Die *Nachteile:* Chancen eröffnen sich oft auf einer tieferen Stufe: Man entdeckt beispielsweise Instrumente (Mittel), die außergewöhnlich leistungsfähig sind und es lohnend machen würden, die Ziele zu verändern und daraufhin anzupassen. Letztlich offenbaren sich aber die Optionen im Marketing erst auf der alleruntersten Ebene: beim Konsumenten. Beobachten wir sorgfältig sein Verhalten und seine Verhaltenstendenzen, die in ihm schlummern, dann erkennen wir die „Lücken", die „Kerben", die „Einfallstore", die unser Wettbewerber noch nicht entdeckt hat. Und eben hier wollen wir ansetzen, den Planungsprozess von unten her angehen: *bottom-up,* wie wir das nennen.

Ob top-down oder bottom-up – eine nützliche Ordnung der Systemelemente ist jene, welche auf die Ziel-Mittel-Beziehung abstellt: Was ist *Ziel* und was ist *Mittel* zur Erreichung eben dieses Ziels? Es handelt sich dabei um nichts anderes als um die Ursache-Wirkungsbeziehung, lediglich von der Wirkung her gedacht: eben vom Ziel. Ordnen wir die fünf Systemelemente nach diesem Prinzip, so entsteht folgende *Ziel-Mittel-Hierarchie*[1] Die oberste Ebene dieser Hierarchie bezeichnen wir mit Strategischem Marketing; die darunterliegende mit Operativem Marketing (vgl. Abb. 3.7).

[1]Die ausführliche Herleitung dieser Ziel-Mittel-Hierarchie findet sich in: Rutschmann und Belz (2014, S. 121 ff.).

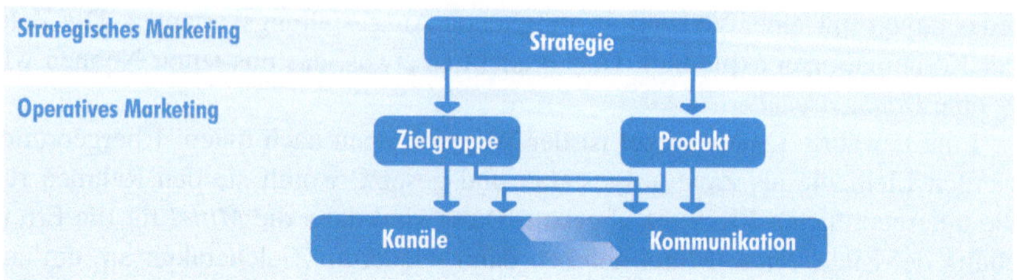

Abb. 3.7 Die Ziel-Mittel-Hierarchie

3.3 Die Synapsen zum Kunden

Bis hierhin haben wir *fünf* Systemelemente identifiziert, die *klassisch* sind in dem Sinne, dass sie in den meisten Marketing-Konzepten erscheinen. Wir haben sie lediglich geordnet nach ihrem jeweiligen Ziel-Mittel-Charakter und der Antwort auf die Frage: Inwieweit ist ein Element bloßes Instrument zur Erreichung eines übergeordneten Ziels?

Stellen wir diese Systemelemente dem Kaufprozess gegenüber, so springt eine *Lücke* ins Auge: *Wo* ganz genau wird jetzt der Prozess des Kunden angestoßen? An welcher Stelle wird der Impuls angesetzt, damit eine Reizung stattfindet und der Prozess zu fließen beginnt und sich ein Kauf anbahnt? (Vgl. Abb. 3.8).

Am nächsten zum Kunden liegen die beiden Variablen *Kanäle* und *Kommunikation*. Die Kommunikation soll – nach allgemeiner Auffassung – den Konsumenten die Vorteile des Produktes vermitteln, das Produkt positionieren und der Zielgruppe mitteilen, wo das Produkt erhältlich ist: in welchem Kanal. Das ist allerdings eine ziemlich allgemein gefasste Aufgabe. Damit haben wir noch nicht die spezifischen Treiber, die Valenzen des potenziellen Kunden angepeilt, die, wie wir festgestellt haben, eine sehr unterschiedliche Ausprägung annehmen können, je nach Prozessstelle, an der sich der Kunde gerade befindet.

Wenn wir uns wirklich dem Kunden nähern wollen, dann müssen wir spezifischer werden. Dem, was wir über Kaufprozesse gesagt haben und was die Kaufprozessforschung ans Licht gebracht hat, müssen wir Rechnung tragen: Phase für Phase gilt es, die spezifischen Handlungsbereitschaften des Kunden abzugreifen und mit den genau richtigen Triggern anzusprechen. Oder, wenn Hemmer an dieser Stelle den Prozessfluss blockieren, diese abzubauen. Mit anderen Worten: Wir werden nicht darum herumkommen, die allgemein abgefasste Aufgabe von *Kanälen* und *Kommunikation* feiner aufzulösen und sie präzise auf die jeweilige

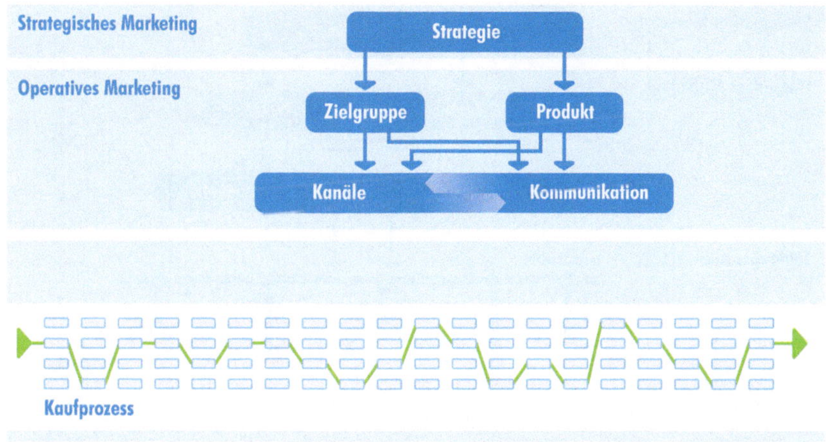

Abb. 3.8 … und wie erreichen wir nun den Kunden auf seinem Prozessweg?

Prozessstelle auszurichten. Das ist, wenn wir so wollen, dem Kaufprozessansatz immanent.

In einer solchen Hochauflösung des Geschehens werden wir die *Impulse*[2] erkennen, die an einer ganz bestimmten Prozessstelle die Handlung auslösen und damit den Prozess in Gang setzen oder ihn beschleunigen. In aller Regel sind Impulse an mehreren Stellen erforderlich. Sie sollen so zusammenwirken, dass ein erster Impuls den Prozess anschiebt und der nächste Impuls einsetzt, bevor der Prozess wieder zum Stillstand käme usw., bis die Kaufhandlung anfällt. Die Impulse reihen sich auf zu einer *Impulskette.*

Mit den Impulsen sind wir beim Kunden angekommen, hautnah. Sie sind gewissermaßen die Synapsen, die für die Erregungsübertragung sorgen. Erst sie machen das Marketing effektiv (vgl. Abb. 3.9).

---

[2]Mit der Bezeichnung „Impulse“ wollen wir die Handlungsnähe dessen betonen, was herkömmlicherweise mit „Botschaft“ bezeichnet wird. Wir subsummieren darunter Signale, die dem Kunden den Weg anzeigen; Argumente, die ihn überzeugen und seine Bedenken ausräumen; Bilder, die Lust erzeugen; Fakten, die sich an den Verstand richten und Apelle zum Handeln. All diese Phänomene fassen wir unter „Impulse“ zusammen, insoweit sie dazu beitragen, die Handlungsneigung des Empfängers zu erhöhen.

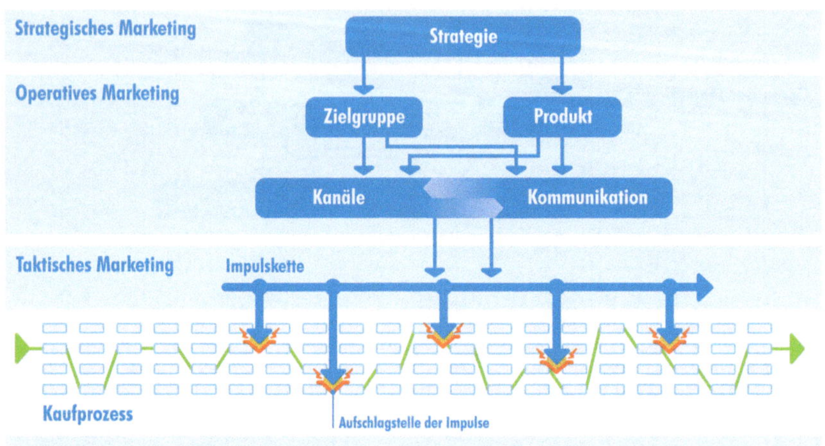

Abb. 3.9 Mit der Impulskette docken wir am Kaufprozess des Kunden an

3.4 Top-down oder bottom-up?

Mit der Impulskette haben wir die Verbindung zum Kunden hergestellt: Wir setzen im Kaufprozess an, dort, wo wir gewissermaßen die Erregung auf den Kunden übertragen können – so genau es eben unser heutiger Erkenntnisstand zulässt.

Die Ziel-Mittel-Hierarchie ist damit komplett. An beiden Enden lässt sich beginnen: Top-down oder *bottom-up* können wir eine Marketing-Konzeption angehen.

Die Vorteile eines Top-down-Vorgehens sind bestechend. Die Führungskräfte eines Unternehmens geben die Ziele vor, und die Mitarbeiter auf den unteren Stufen bestimmen die Mittel. Nur, wo bleibt die Maxime „Der Kunde steht im Zentrum"? Die Maxime wird zum Lippenbekenntnis. Wir wollen beim Kunden ansetzen. Denn hier liegt der Engpass: beim allseitig umworbenen, aber gesättigten Kunden.

Reines *Bottom-up* als Vorgehensprinzip erweist sich hingegen als utopisch. Zu viele Wünsche hat der Kunde, als dass wir alle befriedigen könnten. Wir sind gezwungen, eine *Auswahl* zu treffen: Auf welche Wünsche wollen wir uns überhaupt einlassen – auf die Wünsche welcher Zielgruppe? Ein Unternehmen, dessen Ressourcen knapp sind, muss sich beschränken, wird sich fokussieren wollen.

Es gibt ein *Dilemma:* Reines *Bottom-up* ist unrealistisch. Top-down hingegen ist das Gegenteil von dem, was gefordert wird, nämlich den Kunden ins Zentrum zu stellen. Und das Top-down-Vorgehen lässt die Chancen außer Acht, die sich eben erst auf den tieferen Hierarchiestufen auftun.

3.5 Ein praktikables Vorgehen: Middle-out

In der Praxis hat sich ein Vorgehen bewährt, das man mit *Middle-out* bezeichnet. Nicht zuoberst in der Ziel-Hierarchie und nicht zuunterst, sondern in einem mittleren Bereich wählt man wenige *Fixpunkte.* Diese Fixpunkte im Auge, nähert man sich der Basis: dem Kunden und seinem Verhalten auf dem Weg zum Kauf.

Als mittlere Ebene bieten sich in unserer Ziel-Mittel-Hierarchie das *Produkt* und die *Zielgruppe an.* Sie eignen sich als Fixpunkte. Denn die meisten Unternehmen haben in einen bestimmten Kundenkreis investiert und sich auf gewisse Kategorien von Produkten beziehungsweise Problemlösungen für den Kunden spezialisiert. Produkte und Zielgruppe *selektionieren* die Bedürfnisse, Handlungsbereitschaften etc., die wir im Markt ansprechen wollen. Sie machen unser Gestaltungsfeld übersichtlich. Unter diesem eingeengten Blickwinkel schreiten wir auf den Kaufprozess zu und suchen nach den Stellen, wo wir den Kunden erreichen und ihn bewegen können.

Im Prozessverlauf der Kunden erkennen wir die Andockstellen: dort, wo unsere Kommunikation auch wirklich greift, wir den Kunden abholen können und an unseren Kanal führen. Etwas derb ausgedrückt: Es sind die *Kerben,* die wir im Markt entdecken, und auf die es sich lohnt, mit der großen Axt einzuschlagen – eben die Strategie darauf auszurichten.

3.6 Die Entwicklung einer Marketing-Konzeption in sechs Schritten

Damit haben wir ein Vorgehen hergeleitet, das den Kunden tatsächlich ins Zentrum stellt – jedoch im Rahmen der Möglichkeiten, über die das Unternehmen verfügt: eben gewisse Produkte herzustellen und anzubieten und mit Blick auf eine Zielgruppe, die für das Unternehmen erreichbar scheint. Unter diesen Prämissen können wir es als *Bottom-up-Vorgehen* bezeichnen. In *sechs Schritten* gelangen wir zu einer Marketingkonzeption, die vom Kunden und seinem Verhalten ausgeht.

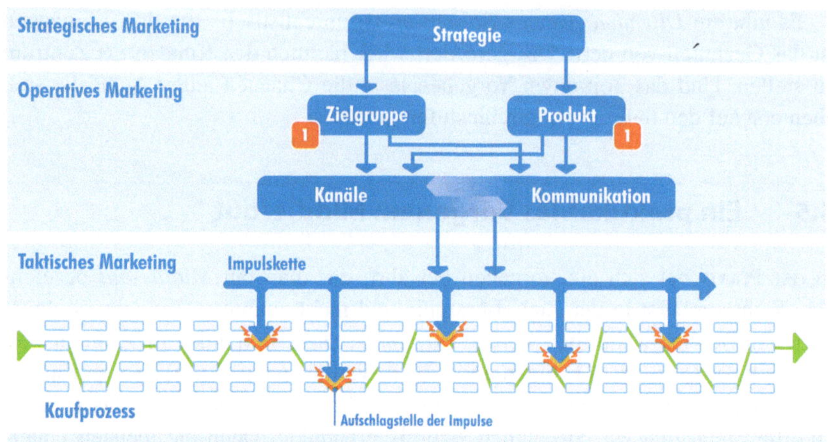

Abb. 3.10 Schritt 1: Zielgruppe und Produkt werden fixiert

3.6.1 Schritt 1: Zielgruppe und Produkt als Ausgangspunkte festlegen

Das *Produkt* wird (vorläufig) fixiert und dann die *Zielgruppe*. Noch vage wird das Produkt zunächst fixiert; nur die Kategorie der Produkte wird definiert. Und auch die Zielgruppe weist noch unscharfe Ränder auf (Abb. 3.10).

3.6.2 Schritt 2: Kaufprozesse abbilden und Soll-Pfad wählen

Nun schreitet man auf die *Kunden* zu – die gegenwärtigen und die künftigen – und blickt auf deren *Kaufprozesse:* die Handlungen, die sie an den Tag legen, bis sie kaufen. Diese Handlungen bilden wir in ihrer *raum-zeitlichen Abfolge* ab.

Kunden legen jedoch *unterschiedliche Prozesswege* zurück; sie durchlaufen verschiedene Handlungsabfolgen. Legen wir alle dieser Abfolgen übereinander, so entsteht ein *Wegnetz* mit zahlreichen Gabelungsstellen.

Mit den Vorgaben aus Schritt 1 – der Zielgruppe und dem Produkt – ist auch der Rahmen abgesteckt, mit dem wir uns befassen: der *Ausschnitt* aus dem Wegnetz, der für uns relevant ist.

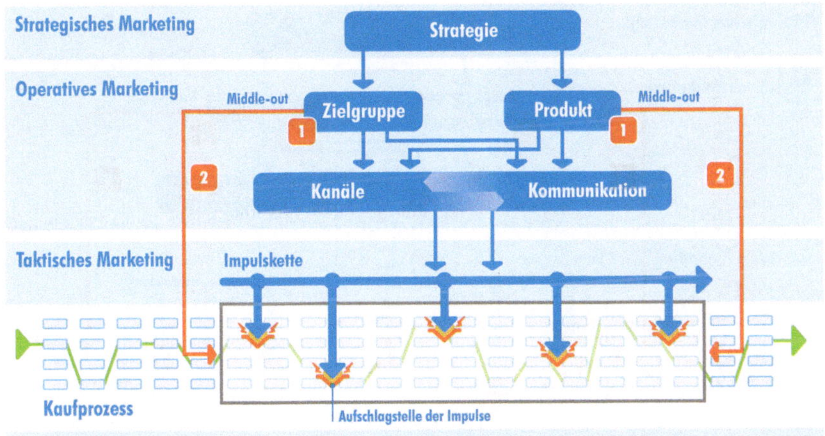

Abb. 3.11 Schritt 2: Der Ausschnitt aus dem Wegnetz wird gewählt und die Soll-Pfade werden bestimmt

Das Wegnetz bildet alle Wege ab, die Kunden beschreiten: Es handelt sich um eine *Ist-Aufnahme* (vgl. Abb. 3.11). Wir werden mit Marketing nicht alle Wege fördern wollen. Vielmehr werden wir uns auf jene Wegbahnen beschränken, die von einer *Vielzahl* von Kunden beschritten werden. Und es interessieren uns Wegbahnen, bei denen es uns leichtfällt, sie zu fördern: mit geringem Ressourceneinsatz ein Maximum an Wirkung zu erzeugen. Das sind die *Soll-Pfade*.

3.6.3 Schritt 3: Interventionsstellen festlegen und Impulskette über den Prozess legen

Der Kaufprozess wird nun nach jenen Stellen abgesucht, wo das Unternehmen *intervenieren* kann; nämlich mit *Impulsen* den Prozess anstoßen, beschleunigen und in die gewünschte Richtung lenken. Es sind die Stellen im Prozess, wo die *Impulse* gleichsam aufschlagen und ihre Wirkung entfalten: Sie *bewegen* den Kunden ein Stück weit, und dann setzt der nächste Impuls ein und so weiter. Die Impulse reihen sich auf zur *Impulskette,* die wir über den Prozess legen (vgl. Abb. 3.12).

An ausgewählten Stellen bieten wir den Kunden einen *Zugang zum Kanal* an: Beispielsweise kann er hier das Internet aufsuchen, sich mit dem Callcenter in Verbindung setzen oder das nächstgelegene Filialgeschäft besuchen.

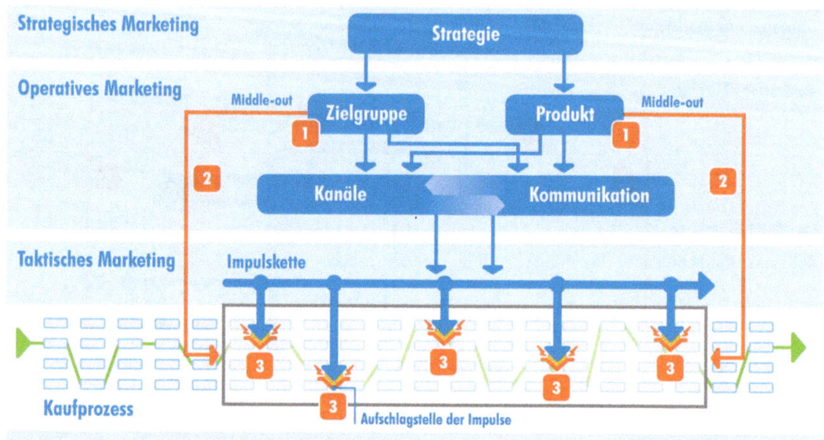

Abb. 3.12 Schritt 3: Die Interventionsstellen werden festgestellt – die Impulskette ausgelegt

Es stehen uns Methoden und Vorgehensweisen zur Verfügung, um die richtigen Interventionsstellen – die *erfolgsträchtigen* – aufzuspüren. Einmal ist es die empirische Kaufprozess-Analyse[3], die uns an die sogenannten *Schlüsselstellen* führt – jene wenigen Stellen auf dem komplexen Prozessnetzwerk, wo die Kunden erreichbar sind, und wir gleichzeitig auf einen *Hebeleffekt* treffen, gemessen am ultimativen Ziel: Kaufhandlungen herbeiführen.

Dann kann aber auch die bloße Anschauung uns weiterhelfen: Mit Beobachten und allgemeiner Lebenserfahrung gelingt es oft, den Handlungsablauf zu skizzieren, über den wir die Kunden an den Abschluss führen, und die Interventionsstellen zu bezeichnen: dort, wo wir erfolgreich eingreifen können ins Geschehen, um den Prozess zu beschleunigen.

Außerdem stoßen wir im Verhalten der Konsumenten auch auf gewisse *Handlungsautomatismen,* die wir gezielt als Wirkverstärker nutzen können. Auch auf diese Handlungsautomatismen werden wir dann Impulse richten, um sie anzuklicken, in Gang zu setzen und die Handlung auszulösen.

[3]Eingehend dargestellt in: Rutschmann (2005).

3.6.4 Schritt 4: Kanäle und Kommunikation: generelle Festlegungen treffen

Aus Sicht der Interventionsstellen auf den Kaufprozessen – also *bottom-up* – leiten wir Anforderungen für die *Kanäle* und für die *Kommunikation* ab (vgl. Abb. 3.13). Kanäle und Kommunikation lassen sich heute nicht mehr auseinanderhalten: im Kanal informiert sich der Kunde zunehmend – im Internet und in den Ladengeschäften – und an jenen Orten, wo er sich informiert, bestellt er auch gerne. Kanal und Kommunikation *überschneiden* sich.

Es sind *grundsätzliche Festlegungen* – man kann sagen: *politische* Entscheide –, die auf dieser Ebene zu treffen sind: Welche Kanäle wollen wir künftig nutzen? Wo stützen wir uns auf unternehmenseigene Kanäle ab? Welche Rolle spielen fremde Handelskanäle? Es sind Entscheide mit längerfristigen Auswirkungen.

Auch für die *Kommunikation* gibt es grundsätzliche Festlegungen: Welcher Medien bedienen wir uns, um die Impulse an die Kunden heranzutragen? Weil ein Unternehmen meist in mehreren Märkten tätig ist, sind sog. Spill-over-Effekte in Rechnung zu stellen. Deshalb kann auch die Medienwahl, zumindest in Teilen, grundsätzlich beantwortet werden – in der Politik festgeschrieben.

Im Vergleich zu den Impulsketten, die einen *taktischen* Charakter haben, wird hier bereits ein *erweiterter Zeithorizont* ins Auge gefasst.

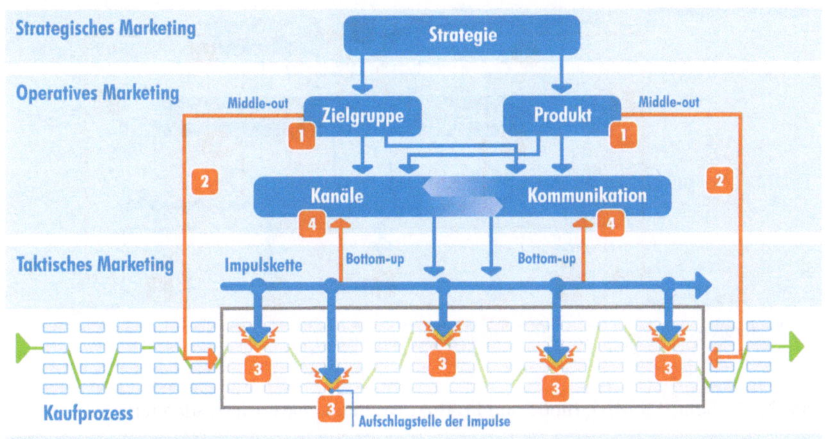

Abb. 3.13 Schritt 4: Nun geht der Weg aufwärts zu Kanälen und Kommunikation

3.6.5 Schritt 5: Zielgruppe und Produkt konkretisieren

Im Lichte der aufgedeckten Interventionsstellen und den grundsätzlicheren Festlegungen bei den Kanälen und der Kommunikation, werden Zielgruppe und Produkt *konkreter gefasst,* allenfalls angepasst und neu ausgerichtet (vgl. Abb. 3.14).

Aus der Bottom-up-Sicht erwachsen oft *neue Zugänge* zur Produktentwicklung und Produktgestaltung. Minutiös befassen wir uns mit dem Prozess, den die Kunden durchschreiten – und auf diesem Prozess entdeckt man die *Lücken, die den Erfolg bedeuten:* neue Produktausprägungen, neue Serviceangebote oder eine neue und unerwartete Art, das Produkt im Kopfe des Konsumenten zu positionieren.

Ideen für erfolgreiche Marken, Produkte und Dienstleistungen sind regelmäßig aus einer Mikrobetrachtung hervorgegangen: ihre Erfinder, Gründer und Unternehmer sind durch *eigene Beobachtung* auf die Lücken gestoßen, oft auch durch Erfahrungen am eigenen Leib. Und Entbehrungen, die für sie einschneidend waren, führten zu neuen Lösungen.

Das gleiche gilt für die *Zielgruppen.* Es ist häufig die Mikrobetrachtung, die uns an *Nischen* führt, an neue Zielgruppen oder neue Zielgruppen-Abgrenzungen.

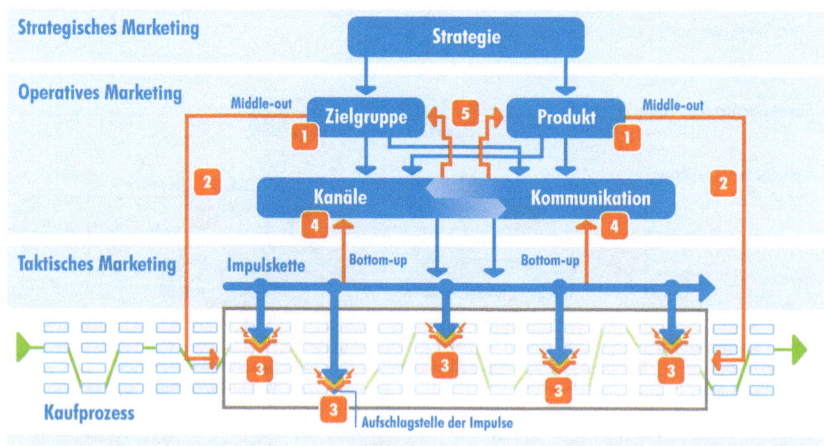

Abb. 3.14 Schritt 5: Zielgruppe und Produkt werden konkretisiert, adaptiert

3.6.6 Schritt 6: Strategie adaptieren

Die Marketingstrategie wird auch andere Funktionsbereiche des Unternehmens einbeziehen müssen. Außerdem wird sie Trends einrechnen, sowohl im Konsumentenverhalten, in der Gesellschaft als auch in der Technologie. Die Marketingstrategie wird auch künftige Betätigungsfelder des Unternehmens bezeichnen und weitere Festlegungen treffen, die in die Zukunft weisen.

Die Strategie kann aber auch Einsichten aufgreifen, die *im Zuge des Bottom-up-Prozesses* an die Oberfläche befördert wurden. Zum Beispiel Fähigkeiten, die es zu entwickeln gilt, um die Kunden zu erreichen und sie wirksam anzusprechen. Neue Fähigkeiten, um das Internet ins Spiel zu bringen, beispielsweise. Oder Techniken und Fertigkeiten, um Handlungen beim Konsumenten auszulösen, oder um Interaktionen mit Kunden und potenziellen Kunden über einen längeren Zeitraum zu pflegen.

Solche Fähigkeiten, Fertigkeiten und Infrastrukturen sind zu entwickeln und aufzubauen. Das kann einen längerfristigen Ressourceneinsatz bedingen und gehört zu den strategischen Festlegungen.

Aus der Sicht *von unten nach oben* wird die Strategie überprüft, konkretisiert und allenfalls adaptiert: Ist sie noch konsistent mit den bisherigen Festlegungen auf den beiden operativen Stufen? Stellt sie das Verhalten, das wir bei den Kunden festgestellt haben, in Rechnung? Nutzt sie die Chancen, die wir in den Kaufprozessen entdeckt haben?

▶ Der *Grundsatz* lautet: Die Taktik diktiert die Strategie. Oder auch: Die Strategie steht im Dienste der Taktik.

Oder aber – man will aus guten Gründen an der Strategie festhalten – dann geht man wieder an den Ausgangspunkt zurück: zur Impulskette, die man neu konfiguriert, und man stellt die Kohärenz her zur Strategie. Ein *neuer Zyklus* setzt ein (vgl. Abb. 3.15).

Was das hier skizzierte Vorgehen kennzeichnet:

▶ Am Prozess, den der Kunde vollzieht, orientiert sich das Marketing. Der Kaufprozess ist das Fundament.

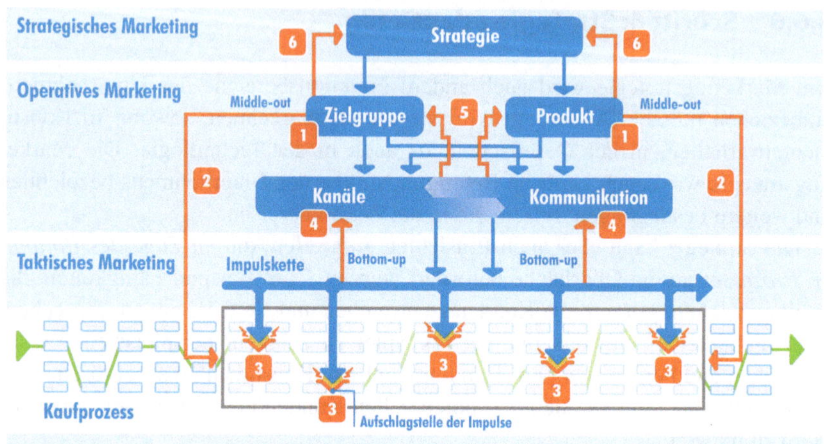

Abb. 3.15 Schritt 6: Die Strategieebene ist erreicht – auf dem Bottom-up-Weg

3.7 Die Sachziele in Geldwerte übersetzen: Formalziele

Erfüllen die auf tiefer gelegenen Ebenen getroffenen Festlegungen die Zielerwartungen? Sind Ziele und vorgesehene Mittel konsistent? Spätestens mit diesen Fragen tritt man über eine Schwelle, die ans *Quantifizieren* führt. Auf der einen Seite sind Mengen stets ein Bestandteil von strategischen Zielsetzungen: Stückzahlen der zu verkaufenden Produkte, Tonnagen und schließlich ihre geldwerten Korrelate: die *Umsätze.*

Den Mengen und Umsätzen sind die *Kosten* für das operative und das taktische Marketing gegenüberzustellen. Wenn es um Geldwerte geht, sprechen wir von *Formalzielen;* wenn es um inhaltliche Festlegungen auf der Ziel-Mittel-Hierarchie geht, von *Sachzielen* (vgl. Abb. 3.16).

Sind die Umsätze, die Kosten und der verbleibende Gewinn im Gleichgewicht – entsprechen sie den Erwartungen? Falls nicht, werden die getroffenen Festlegungen in der Zielhierarchie überprüft, nämlich bei den Sachzielen. Hier liegen die Ursachen für unbefriedigende Ergebnisse in den Finanzen. Ein erneuter Planungszyklus ist erforderlich: Hinunter zu einer Betrachtung der Kaufprozesse, der Interventionsstellen, die man festgelegt hat und den Impulsen, die man auf sie richtet. Sind diese effektiv, notwendig oder anders zu dosieren, um ein Gleichgewicht bei den Finanzen herbeizuführen?

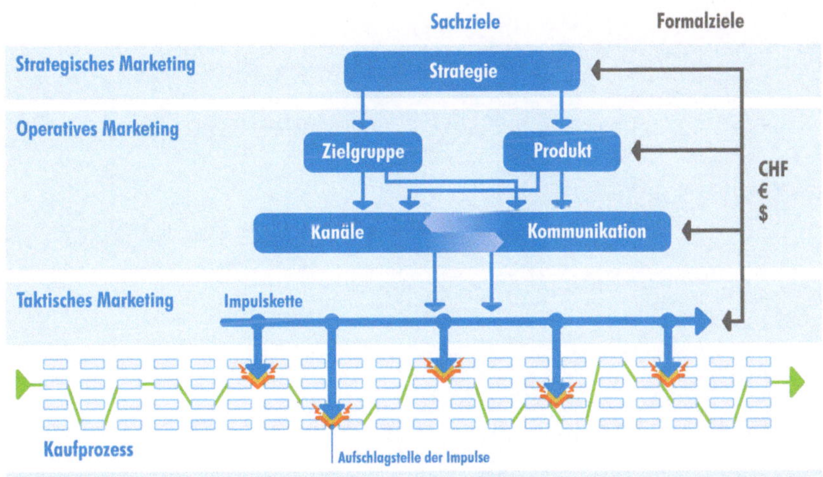

Abb. 3.16 Die Formalziele sind mit den Sachzielen in Einklang zu bringen

4 Schlussfolgerungen und Ausblick

„Den Kunden ins Zentrum" stellen dürfen wir als gültige Maxime des Marketings stehen lassen. Hingegen hat sich die Bedeutung verschoben. War bis vor kurzem das Produkt die Antwort auf Wünsche und Bedürfnisse des Kunden, hat sich das mittlerweile auf den *Prozess* verschoben: auf den Prozess, den der Kunde vollzieht, bis er kauft.

Das Produkt – der Nutzen, den es stiftet, wenn es der Kunde erworben hat, und das Lebensgefühl, das es ihm vermittelt –, das setzt der Kunde voraus; es ist nicht mehr ausschlaggebend, ob er diese oder jene Marke wählt. Die Weichenstellungen, die entscheidend sind, liegen auf dem Prozessweg. Dort finden wir Gabelungen vor. An diesen Gabelungsstellen sind wir gehalten, die Befindlichkeit des Kunden richtig einzuschätzen, die *„Logik der Situation"* zu erfassen, wie sie sich dem Kunden darstellt, und die Antriebe zu ergründen, die hier, an dieser Prozessstelle, ins Spiel kommen.

Das verändert den Fokus des Marketings erheblich, möchte sagen: radikal. Es ist die Kommunikation davon betroffen – wenn sie lediglich Markenbotschaften verbreitet, greift Kommunikation ins Leere. Da hilft es auch nicht, wenn sie lauter wird oder „kreativer", wie das immer noch gefordert wird. Und es ist auch die Forschung davon betroffen.

Die Marktforschung, die klassischerweise Meinungen und Einstellungen zum Produkt abfragt, wird sich dem neuen Gegenstand annehmen müssen: den Kaufprozessen. Das wird der Marktforschungsindustrie nicht einfach fallen, denn es sind hier andere Methoden erforderlich. Es geht darum, *Verhalten* transparent zu machen sowie die Faktoren zu ergründen, die Verhalten auslösen. Das adäquate Forschungsinstrumentarium ist im Marketing noch nicht geläufig.[1]

[1]Wir versuchen, realem Kaufverhalten mit einer Methode auf die Spur zu kommen, die wir mit *Verhaltens-Analyse* bezeichnen. Näheres dazu in: Rutschmann, M. 2005, 2011, 2014.

M. Rutschmann, *Kunden ans Kaufen heranführen,* essentials,
DOI 10.1007/978-3-658-16187-3_4

Diesen Schwenk zu vollziehen, weg vom Produkt, das am Ende einer Prozessstrecke liegt, hin zum Prozess selbst und seiner Logik, bereitet uns Schwierigkeiten. Intuitiv unterstellen wir bei einer Vorwärtsbewegung stets einen Zweck – einen Endzweck –, zu dem wir Menschen uns hinbewegen. Dass der Mensch sich aber einfach bewegt – aus purem Bewegungsdrang – oder von Zwischenzwecken gelockt, und bei jedem Zwischenhalt wieder neue Versuchungen auftreten und diese die Kontrolle über den Prozessfortgang übernehmen, ist unserem Verstand schwer zugänglich. Zweckgerichtetheit scheint uns einfach plausibel, und Plausibilität verschafft uns ein Lustgefühl, das den Verstand überflügelt, sagt Botho Strauß.

Das Phänomen ist gut belegt und unter dem Begriff der „teleologischen Täuschung“ bekannt (Taleb 2014) Hier vermute ich auch die Ursache, dass Kaufprozessorientiertes Marketing nur zögernd Verbreitung findet, obwohl die Fakten doch klar auf der Hand liegen.

Literatur

Howard, J.A., Sheth, J.N.: The theory of buyer behavior. Wiley, New York (1969)
Kable, J.W., Glimcher, P.W.: The neural correlates of subjective value during intertemporal choice. Nat Neurosci. **10**(12), 1625–1633 (2007)
Kahneman, D.I.: Schnelles Denken, langsames Denken. Siedler, München (2012)
Kobayashi, S., Schultz, W.: Influence of reward delays on responses of dopamine neurons. J. Neurosci. **28**(31), 7837–7846 (2008)
Kringelbach, M.L., Berridge, K.C. (Hrsg.): Pleasures of the brain. Oxford University Press, Oxford (2010)
Kroeber-Riel, W., Andrea, G.-K.: Konsumentenverhalten, 10. Aufl. Vahlen, München (2013)
Ries, Al, Trout, J.: Bottom-Up Marketing. McGraw Hill, New York (1988)
Rutschmann, M.: Kaufprozesse von Konsumenten erkennen und lenken, Mehr Marktanteil mit neuem Marketing. mi-Fachverlag & SV Fachbuch GmbH, Heidelberg (2005)
Rutschmann, M.: Abschied vom Branding, Wie man Kunden wirklich ans Kaufen führt – Mit Marketing, das sich an Kaufprozessen orientiert. Gabler, Wiesbaden (2011)
Rutschmann, M., Belz, C.: Reales Marketing. Schäffer Poeschel, Stuttgart (2014)
Taleb, N.N.: Antifragilität, Anleitung für eine Welt, die wir nicht verstehen. btb Verlag, München (2014)
Thaler, R.H., Sunstein, C.R.: Nudge, Wie man kluge Entscheidungen anstößt. Econon, Berlin (2009)

M. Rutschmann, *Kunden ans Kaufen heranführen,* essentials,
DOI 10.1007/978-3-658-16187-3